Wahrnehmungsauffällige Kinder in der Grundschule

Praktische Hinweise für Lehrer
zur Diagnose und Förderung

Von
Herbert Günther

unter Mitarbeit von
Annette Ernst

Ernst Klett Grundschulverlag
Leipzig Stuttgart Düsseldorf

Inhalt

Vorbemerkungen

Lehrer* an der Grundschule beklagen sich zunehmend über die steigende Zahl schwieriger und auffälliger Kinder. Dazu gehören neben verhaltensauffälligen, konzentrationsschwachen, hyperaktiven, leserechtschreibschwachen, rechenschwachen und sprachauffälligen auch wahrnehmungsgestörte Kinder. Wir können heute davon ausgehen, dass bis zu 25 % der Kinder zu Schulbeginn noch Wahrnehmungsschwächen aufweisen, die oft nur teilweise oder überhaupt nicht erkannt werden.

Diese Kinder haben im Anfangsunterricht Schwierigkeiten beim Lernen allgemein, insbesondere jedoch beim Lesen, Rechnen und Schreiben. Sie haben z. B. Probleme mit der Stifthaltung beim Schreiben und Malen, sie sind Linkshänder oder aber ihre Händigkeit ist noch nicht vollends ausgeprägt, sie verwechseln ähnlich klingende Konsonanten oder Konsonantengruppen beim Diktat, sie können nicht konzentriert zuhören, sie können sich Buchstaben nur schwer merken, sie vertauschen beim Schreiben ähnlich aussehende Buchstaben, sie lassen sich leicht ablenken und stören immer wieder – scheinbar unbegründet – den Unterricht.

Viele Pädagogen weisen auf eine Zunahme solcher Schwierigkeiten bei den Kindern hin. Sie beobachten diese Entwicklung mit großer Sorge, da sich Wahrnehmungsstörungen nachteilig auf die gesamte kindliche Entwicklung, die Entwicklung der Sprache und die Aneignung der Kulturtechniken auswirken. Daher scheint es dringend notwendig zu sein, Grundschullehrern Hilfen für die Beobachtung sowie praktische Hinweise zur Förderung dieser Kinder im Unterrichtsalltag zu vermitteln.

In diesem Band werden somit auf dem Hintergrund wissenschaftlich fundierter Erkenntnisse der Wahrnehmungspsychologie und der Neurophysiologie der letzten Jahre und aufgrund praktischer Erfahrungen der Autoren im Umgang mit wahrnehmungsgestörten Kindern im Vorschul- und Schulalter Wahrnehmungsstörungen von ihren Erscheinungsformen her allgemein beschrieben, Diagnoseverfahren dargestellt und Möglichkeiten der Förderung in der Grundschule aufgezeigt. In diesem Zusammenhang wird sehr deutlich darauf hingewiesen, dass die fachwissenschaftliche und theoretische Diskussion der gesamten Problematik nur begrenzt

---

* Die männlichen Bezeichnungen werden im Folgenden nicht geschlechtsspezifisch gebraucht, sondern stehen wegen der sprachlichen Kürze stellvertretend für beide Geschlechtsformen.

dargestellt werden kann. Der Band ist gedacht für Grundschullehrer, die kein zusätzliches – z. B. psychologisches, sonderpädagogisches oder sozialpädagogisches – Studium absolviert haben, die sich aber dennoch einen Grundstock an Wissen über Wahrnehmungsstörungen erwerben möchten um ihren Schülern gerecht werden zu können. Dies gilt umso mehr, als viele dieser Beeinträchtigungen im gesamten Bereich der Wahrnehmung oft gar nicht als solche erkannt und häufig fehlinterpretiert werden: Nicht selten wird eine motorische Unruhe im Unterricht als Disziplinlosigkeit oder das Verhalten eines auditiv gestörten Kindes als Teilnahmslosigkeit oder Intelligenzbeeinträchtigung fehlgedeutet mit leider oft sehr negativen Folgen für das Kind sowohl in der Grundschule als auch auf weiterführenden Schulen, insbesondere beim Erlernen von Fremdsprachen.

Es soll deshalb der Blick des Lehrers geschärft werden durch Kenntnisse über die Erscheinungsformen der wichtigsten schulrelevanten Wahrnehmungsstörungen beim Sehen, Hören und Tasten/Fühlen. Außerdem bekommt er praxisorientierte Hinweise zur Diagnose (Erkennung, Feststellung, Überprüfung und Erfassung von Wahrnehmungsstörungen) und zur Intervention, d. h. zu didaktisch-methodischen Fördermaßnahmen, welche negative Auswirkungen solcher Störungen auf die schulische Leistung verhüten oder doch zumindest mildern können.

Zwei Missverständnissen sei ausdrücklich vorgebeugt: Die Lektüre dieses Buches kann weder eine Ausbildung zu einem Sonderpädagogen noch zu einem Therapeuten (Ergotherapeut, Logopäde) ersetzen. Es gibt Wahrnehmungsstörungen, die so schwierige Probleme aufwerfen, dass sie das Fachwissen und die Erfahrung von Experten verlangen.

Dieser Band soll in erster Linie dazu beitragen, dass Wahrnehmungsstörungen rechtzeitig erkannt und die notwendigen Maßnahmen intern in der Grundschule oder aber extern durch spezielle Fachdienste eingeleitet werden. Er wurde nicht ausschließlich für Grundschullehrer zusammengestellt, sondern wendet sich als Einführung oder Orientierungshilfe an alle Personen, die an Entscheidungen hinsichtlich der Schullaufbahn eines Kindes beteiligt sind: Das sind neben den Pädagogen die Eltern sowie psychologische und medizinische Fachkräfte.

Das Buch ist entstanden aus dem Bedürfnis heraus, die persönlichen Erfahrungen aus der Arbeit mit wahrnehmungsauffälligen, sprachauffälligen und leserechtschreibschwachen Kindern mit den vielfältigen Erfahrungen von Kollegen zu verknüpfen, die zahlreichen Diskussionsergebnisse von Lehrerfortbildungsveranstaltungen zusammenzufassen sowie einen Überblick über die vorliegende Literatur zu diesem Problemkreis zu geben und auf diese Weise betroffenen Kindern zu helfen.

Heusweiler, September 1997   Herbert Günther

Einleitung

Die Wahrnehmung bildet das Fundament jeglicher menschlichen Entwicklung. Eine gut funktionierende Wahrnehmung ist somit die unabdingbare Grundlage aller kindlichen Lern- und Kommunikationsprozesse. Bei Lernproblemen im Grundschulalter sind neben den eigentlichen Lernfähigkeiten oft auch grundlegende Voraussetzungen im Bereich der Wahrnehmung in Mitleidenschaft gezogen, was in vielen Fällen nicht erkannt wird. Erschwerende Bedingungen im Elternhaus, fehlende Anregungen während der Kindergartenzeit und eine nicht angebotene ganzheitliche Erziehung gerade im Anfangsunterricht der Grundschule können solche Schwierigkeiten verstärken und festigen. Nach dem derzeitigen Erkenntnisstand ist davon auszugehen, dass jeder schulische Lernprozess von den individuellen biologischen Funktionssystemen, den subjektiven Handlungsmöglichkeiten, den Anregungen durch das Elternhaus und den didaktisch-methodischen Angeboten der Grundschule abhängt. Bei kindlichen Entwicklungsverzögerungen, Sprachauffälligkeiten, Leserechtschreibschwierigkeiten, Lernstörungen sowie Verhaltensauffälligkeiten sind vielfach basale Voraussetzungen in den zentralen Entwicklungsbereichen der Motorik und der Wahrnehmung in den Bereichen Sehen, Hören, Tasten/Fühlen nicht gegeben. In den Grundschulen nimmt nach Angaben von Lehrern, Schulpsychologen, Sonderpädagogen sowie den Untersuchungen der Schulärzte bei den Schulanfängern die Zahl der wahrnehmungsauffälligen Kinder in den letzten Jahren zu, wofür es verschiedene Gründe gibt:

Kinder haben heutzutage in unserer mediatisierten, technisierten und einseitig kognitiv orientierten Umwelt nicht immer ausreichend Möglichkeiten und Lebensbedingungen, alle Sinne einzusetzen, zu fordern und weiterzuentwickeln. Die Entwicklung der Wahrnehmung kann daher nicht optimal erfolgen, sie verläuft einseitig.

Die stärkere Beachtung des Phänomens der Wahrnehmungsauffälligkeiten ist wohl darauf zurückzuführen, dass wir heute gegenüber allen Störungsbildern und Auffälligkeiten innerhalb der kindlichen Entwicklung sensibler geworden sind und diese Abweichungen auch früher registrieren.

Darüber hinaus sind die diagnostischen Möglichkeiten – insbesondere der Nuklearmedizin und der Neurophysiologie – als ein leistungsfähiges, exaktes und differenziertes Erkennungs- und Erfassungssystem verbessert worden. Auch die schulischen Möglichkeiten der Beobachtung und Überprüfung von Wahrnehmungs-störungen sind weiterentwickelt worden.

Die heutige Erziehungs- und Schulwirklichkeit entspricht nicht mehr den Normen und Werten eines traditionellen Erziehungs-, Bildungs- und Unterrichtskonzeptes. Die gesellschaftlichen Rahmenbedingungen, die bildungspolitischen Zielsetzungen und auch die Erwartungen der Eltern haben sich erheblich verändert.

Die Grundschule darf und kann sich diesen Erkenntnissen nicht verschließen und weiterhin eine überwiegend kognitive Förderung in den Mittelpunkt ihrer Arbeit stellen. In den Leitlinien für die Arbeit in der Grundschule sowie in den Lehrplänen der einzelnen Bundesländer wird immer wieder auf die personale Entfaltung und ganzheitliche Förderung des Kindes im sozialen, kognitiven, emotionalen, kreativen, motorischen und sensorischen Bereich hingewiesen (vgl. z.B. KULTUSMINISTERIUM RHEINLAND-PFALZ 1984).

Im Einzelfall können die Bedingungen des Lernens durch eine Beeinträchtigung im Bereich der Wahrnehmung so einschneidend verändert sein, dass das Kind den unterrichtlichen Anforderungen der Grundschule nicht nachkommen kann. Auffälligkeiten bei der Wahrnehmung sind nicht immer gleich erkennbar, sie können aber Ursache von Lernschwierigkeiten und Verhaltensauffälligkeiten sein. Daher hat der Lehrer die Aufgabe, diese erschwerte Situation bei dem betroffenen Kind zu erkennen und zu beobachten und den Unterricht den Förderbedürfnissen entsprechend zu konzipieren. Das vorliegende Buch will den Grundschullehrer befähigen, Wahrnehmungsauffälligkeiten als Bedingungsfaktor für Lernschwierigkeiten und Verhaltensprobleme im Unterricht zu erkennen und die Eltern des betroffenen Kindes entsprechend zu beraten. Der Band vermittelt einführende Kenntnisse über neurophysiologische und psychologische Grundlagen der Wahrnehmungsvorgänge sowie über mögliche Auffälligkeiten bei Grundschulkindern, sodass der Lehrer Ansatzpunkte für eine gezielte Förderung findet: Der komplexe Charakter von Wahrnehmungsauffälligkeiten erfordert eine mehrdimensionale Förderung in verschiedenen Bereichen im Rahmen einer ganzheitlichen Vorgehensweise, bei der das Lernen und Spielen mit allen Sinnen eine zentrale Bedeutung hat. Gerade in der Grundschule muss die isolierte Förderung wahrnehmungsauffälliger Kinder fächerübergreifenden Fördermaßnahmen weichen. Die individuelle Förderung der einzelnen Wahrnehmungsdimensionen muss sich auf den gesamten Anfangsunterricht erstrecken und insbesondere im Schriftspracherwerb stärker berücksichtigt werden. Das Erlernen des Lesens und Schreibens ist eine Integrationsleistung des Wahrnehmungssystems. Im Anfangsunterricht der Grundschule stehen daher bei Kindern mit Wahrnehmungsauffälligkeiten oft drei Problemfelder im Blickpunkt einer ganzheitlichen Förderung:

Problemfeld Sprachstörungen
Kinder mit Schwierigkeiten beim Erwerb der gesprochenen Sprache, insbesondere im Bereich der Aussprache (Stammeln) und der Satzbildung (Dysgrammatismus),

sind oft auch nicht in der Lage, alle Laute der deutschen Sprache zu bilden, zu speichern und voneinander zu unterscheiden, vor allem bei ähnlich klingenden Phonemen („T" und „K") bzw. bei Konsonantenclustern („dr" und „kr"). Hier gibt es einen engen Zusammenhang zwischen der „phonologischen Bewusstheit", also der Fähigkeit Laute zu analysieren, und dem Erwerb des Sprechens und der Sprache.

Problemfeld Leserechtschreibschwäche
Kinder mit Schwierigkeiten in der Lautsprache aufgrund einer unzulänglich ausgeprägten „phonologischen Bewusstheit" laufen auch Gefahr, innerhalb des Lese- und Schreiblernprozesses zusätzliche Probleme mit der Lautanalyse und der Lautsynthese zu bekommen. Beim Erkennen der Lautstruktur eines Satzes oder beim Merken der einzelnen Phoneme in der gesprochenen Reihenfolge haben sie Probleme. Diese Defizite schlagen sich hemmend auf den Lese- und Schreiblernprozess nieder.

Problemfeld Rechenschwäche
Kinder mit Schwierigkeiten in den zentralen Bereichen der Wahrnehmung haben darüber hinaus zusätzliche Probleme beim Rechnen. Gerade die räumlich-visuelle Wahrnehmungsschwäche sowie die fehlende Fähigkeit der Wahrnehmung zeitlicher Abfolgen führen zu einer um sich greifenden Rechenschwäche, die immer häufiger in den Grundschulen erkannt und beklagt wird.

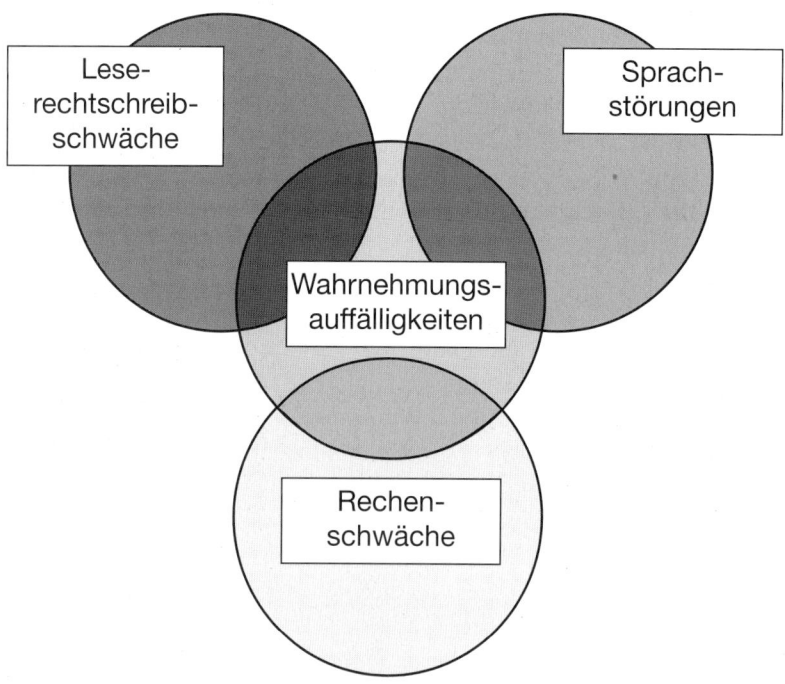

Problemfelder im Zusammenhang mit Wahrnehmungsauffälligkeiten

Die Darstellung der Problemlage macht deutlich, dass Grundschullehrer in verstärktem Maße gefordert sind, wahrnehmungsauffällige Kinder im Anfangsunterricht zu erkennen und im Rahmen ihrer Möglichkeiten zu fördern.

Die Autoren sind sich im Klaren darüber, dass sich im Schulalltag häufig nur schwer die notwendige Zeit dafür finden lässt, sich eingehend mit dem Phänomen Wahrnehmungsauffälligkeiten auseinander zu setzen. Deshalb bietet dieser Band die Möglichkeit, sich auf verschiedene Weise in die Problematik einzuarbeiten: Bei Bedarf kann sich der Leser kurz und knapp in die theoretischen Zusammenhänge von Wahrnehmung, Motorik, Laut- und Schriftsprache einlesen, wobei insbesondere die neurophysiologische Betrachtung dieser Thematik angesprochen wird (Theoretische Grundlagen). Es ist jedoch ebenso möglich sich zunächst einen Überblick über die am häufigsten vorkommenden Erscheinungsformen zu verschaffen. Diese formale Darstellung der einzelnen Wahrnehmungsauffälligkeiten soll jedoch keinesfalls über die enge Verzahnung und Verwobenheit der einzelnen Wahrnehmungsmodalitäten untereinander und mit allen anderen Entwicklungsbereichen hinwegtäuschen (Erscheinungsformen). Der theoretisch versierte Leser kann mit den diagnostischen Möglichkeiten in dieses Buch einsteigen und somit schnell praktikable und ökonomische Hilfen zum Beobachten und Feststellen von Wahrnehmungsauffälligkeiten erhalten (Diagnostische Möglichkeiten). Darüber hinaus wird auch auf mögliche Auswirkungen von Wahrnehmungsauffälligkeiten auf andere schulische Bereiche wie Sprechen, Lesen, Schreiben und Rechnen hingewiesen; damit wird noch einmal die Tragweite von Wahrnehmungsauffälligkeiten im Hinblick auf den schulischen Alltag im Anfangsunterricht der Grundschule verdeutlicht. Daran schließt sich die Vorstellung einiger erprobter und bewährter Förderkonzeptionen als Basis für eine spezielle Förderung der Wahrnehmung an. Im darauf folgenden Kapitel demonstrieren zwei Falldarstellungen, wie man die in diesem Buch dargestellten Hinweise und Anregungen für die tägliche Arbeit in der Grundschule konkret nutzen kann. Abschließend wird dem Leser eine Vielzahl von Übungen und Materialien zur Förderung wahrnehmungsauffälliger Kinder vorgeschlagen. Dabei wird der Bereich des Hörens bewusst sehr ausführlich abgehandelt, da es den Verfassern ein Anliegen ist, die Dominanz und jahrzehntelange Überbetonung der visuellen Wahrnehmung in fast allen Förderprogrammen, Übungsmaterialien, Arbeitsmappen und Fibeln durch eine stärkere Berücksichtigung und Gewichtung der auditiven Wahrnehmung ein wenig zu korrigieren und zu kompensieren. In diesem Zusammenhang wird auch gezeigt, dass sogar die Arbeit an Stationen möglich ist und die genannten Übungen und Spiele im Anfangsunterricht der Grundschule didaktisch-methodisch gut integriert werden können.

Fachbegriffe erläutert das Glossar, wobei an dieser Stelle abschließend noch eine Anmerkung wichtig ist:

In diesem Band wird absichtlich der Terminus der Wahrnehmungsauffälligkeit als Arbeitsbegriff gewählt. In der Fachliteratur ist dagegen der Begriff der Wahrnehmungsstörungen weit verbreitet. Dieser ist ein dem medizinischen Denkmodell entlehnter Begriff, der weitgehend negativ besetzt ist, in der pädagogischen Arbeit zu einer fachlichen Reduktion führen kann und für das betroffene Kind möglicherweise etikettierende und stigmatisierende Folgen hat.

Der Begriff Wahrnehmungsauffälligkeit ist hingegen historisch nicht vorbelastet. Er besitzt fachliche Offenheit, organisatorische Flexibilität und eine Nähe zur pädagogischen Arbeit in der Grundschule. Ebenso sind bei diesem Terminus nicht nur negative Zuschreibungen, sondern auch positive Attribuierungen möglich, d. h. bei dem wahrnehmungsauffälligen Kind werden nicht nur die Defizite, sondern auch die Entwicklungspotentiale gesehen. Er akzeptiert die Heterogenität und Individualität des Kindes und ignoriert eher die Normorientierung, die Kategorisierung und das Homogenitätsstreben.

Theoretische Grundlagen

Zur weiteren Erörterung dieses komplexen Themenbereiches der Wahrnehmungs-auffälligkeiten ist es notwendig, einige grundlegende Zusammenhänge zumindest ansatzweise darzustellen. Daher wird auf den folgenden Seiten der Versuch unternommen, die wichtigsten theoretischen Kenntnisse zu vermitteln.

Die Forderung, die kindliche Wahrnehmungsförderung in den Erziehungs- und Unterrichtsprozess aufzunehmen, ist keineswegs neu, sie hat eine weit zurückliegende philosophisch-pädagogische Tradition und ist nur noch einmal „neu entdeckt" worden. Schon in der Antike unterstreicht ARISTOTELES die Bedeutung der sinnlichen Wahrnehmung für die kindliche Entwicklung und im Mittelalter finden wir deutliche Hinweise auf die Relevanz der Wahrnehmung bei den Klassikern der Pädagogik wie z. B. COMENIUS sowie später ROUSSEAU und PESTALOZZI. In der Zeit der Reformpädagogik um die Jahrhundertwende wird diese pädagogische Tradition wieder verstärkt in die pädagogische Diskussion eingebracht, z. B. durch die Medizinerin und Pädagogin Maria MONTESSORI und den Anthroposophen Rudolf STEINER. In den achtziger und in verstärktem Maße in den neunziger Jahren wurde diese Leitlinie der kindlichen Entwicklung und Konzeption der pädagogischen Arbeit durch die neueren Erkenntnisse der Wahrnehmungspsychologie, der Entwicklungspsychologie und der Neurophysiologie wieder aufgegriffen und neu belebt. Wir können heute davon ausgehen, dass das Neugeborene anatomisch gesehen über ein voll funktionsfähiges Wahrnehmungssystem verfügt, wobei die differenzierte Entwicklung der einzelnen Wahrnehmungsmodalitäten durch Erziehungs- und Lernprozesse in Abhängigkeit von den Anregungen der Umwelt geleistet werden muss. Das hier zugrunde gelegte Paradigma einer mehrdimensionalen Entwicklung betrachtet die kindliche Entwicklung als das Produkt eines dynamischen Prozesses motorischer, sensorischer, kognitiver, emotionaler und sozial-kommunikativer Systeme, wobei im Sinne einer humanökologischen Perspektive die Trennung von Mensch und Umwelt aufgehoben wird (vgl. BRONFENBRENNER 1981).

Zum Begriff der Wahrnehmung

Der schillernde und mehrfach besetzte Begriff der Wahrnehmung ist in den letzten Jahren geradezu zu einem Modewort geworden. Wir benutzen ihn ständig im

Alltagsleben, wir sprechen von Wahrnehmungstäuschungen, wir zitieren ihn sehr häufig in der pädagogisch-psychologischen Diskussion im Zusammenhang mit Problemkindern und wir geraten dabei in die Gefahr, die eigentliche Bedeutung des Wahrnehmungsbegriffes mehr und mehr zu vernachlässigen.

In der naiven Psychologie des Alltags existiert ein oberflächlicher Begriff der Wahrnehmung, der sich beispielsweise in Meinungen manifestiert wie „Wahrnehmung ist für mich all das, was ich mit den Augen, Ohren und der Haut erfasse". Der wahrnehmende Mensch akzeptiert also seine Sinneseindrücke als realistisch und gegeben ohne sich darüber weitere kritische Gedanken zu machen. Er geht davon aus, die Merkmale der Objekte und Personen seiner Umwelt exakt zu erfassen, und ist von der Genauigkeit seiner Wahrnehmungsfähigkeit überzeugt. Weiterhin nehmen wir an, dass alle anderen Menschen um uns herum die Umwelt genauso wahrnehmen wie wir. Man spricht hier auch von dem „phänomenalen Absolutismus" (RUCH/ZIMBARDO 1974) und geht von einer vermeintlichen Objektivität in der Wahrnehmung unserer Wirklichkeit aus, die aber nicht existiert (vgl. EGGERT/PETER 1992).

Bevor wir zur eigentlichen Begriffsbestimmung kommen, möchte ich daher auf zwei Widersprüche hinweisen.

Der erste Widerspruch liegt auf der analytischen Betrachtungsebene: Einerseits ist die Wahrnehmung für uns heute zu einer Selbstverständlichkeit geworden, die bei uns Menschen unbewusst abläuft und die Lebenswirklichkeit subjektiv abbildet. Aufgrund unseres vorwissenschaftlichen Alltagswissens wissen wir so ungefähr über die Wahrnehmung Bescheid, denn wer keine Ahnung davon hat, was Wahrnehmung ist, der kann auch nicht begreifen, wovon die Rede ist, wenn über die Wahrnehmung gesprochen und geschrieben wird. Andererseits aber werden wir uns wegen der Vielzahl der aufgestellten theoretischen Entwürfe zur Wahrnehmung wissenschaftstheoretisch weiterhin mit dem ungeklärten und äußerst problematischen Phänomen der Wahrnehmung beschäftigen müssen. „Wahrnehmung erscheint für den, der sich damit beschäftigen will, von vornherein in einer doppelten, widersprüchlichen Weise. Einerseits ist Wahrnehmen ein selbstverständlicher Bestandteil unserer alltäglichen Lebenstätigkeit, … andererseits ist … dem Menschen kaum etwas so problematisch geworden wie gerade die Wahrnehmung" (HOLZKAMP 1986, S. 11).

Ein zweiter Widerspruch liegt auf der deskriptiv-phänomenologischen und pädagogisch-therapeutischen Ebene: Wir beschreiben einzelne Wahrnehmungsauffälligkeiten, wie z.B. die visuelle, auditive und taktil-kinästhetische, und entwickeln spezielle therapeutische Zugänge und pädagogische Förderansätze zu ihrer Beseitigung. Andererseits betonen wir, dass der Prozess der Wahrnehmung als ein ganzheitlich-dynamisch-integrativer Akt zu begreifen ist, was pädagogisch in der Forderung und Konzeption „Lernen mit allen Sinnen" gipfelt. Dennoch müssen wir formal die Sinnessysteme neurophysiologisch und entwicklungspsychologisch einzeln betrachten um die spezifischen Besonderheiten und ihr ganzheitliches

Zusammenwirken besser einordnen zu können. Die sinnliche Wahrnehmung ist hingegen mehr als die Summierung der Teilleistungen einzelner Sinnesorgane, denn die ganze Person mit all ihren bisherigen Erfahrungen und realen Erlebnissen bildet die Basis unserer Wahrnehmung (vgl. ZIMMER 1995, S. 28). Die Wahrnehmung wird jeweils durch die spezifische Situation der Umwelt immer wieder neu als System aufgebaut und zerfällt teilweise nach dem Wahrnehmungserlebnis wieder in die einzelnen Teilsysteme. Dieser Vorgang wird täglich in individuell unterschiedlicher Form und Profilausprägung permanent wiederholt.

Auch in den einzelnen Definitionsversuchen zeigen sich unterschiedliche Ansätze. Da ist zum einen die Position von GIBSON (1973), der die Verlässlichkeit unserer Sinnessysteme betont und die Auffassung vertritt, dass unsere Sinne uns zuverlässig und direkt über unsere Umwelt informieren. Andererseits ist da die Annahme von MATURANA (1969), der davon ausgeht, dass unser Wahrnehmungssystem als ein in sich geschlossenes, autonomes System keinen Zugang zur Außenwelt hat. Zum dritten gibt es die Auffassung von PIAGET (1969) und AFFOLTER (1985), die die Wahrnehmung als einen aktiven und konstruktiven Prozess bezeichnen, der in den Interaktionsprozess und in die Wechselwirkung zwischen Mensch und Umwelt eingebettet ist. Hiernach erfolgt die Herausbildung sensomotorischer Schemata auf der Grundlage von Prozessen der Assimilation und Akkomodation (vgl. ROHDE-KÖTTELWESCH 1996, S. 12).

Die Vielzahl der in diesem Bereich existierenden und synonym gebrauchten Begriffe, wie z. B. Entwicklungsrückstand, allgemeine Entwicklungsverzögerung, Teilleistungsstörung, emotionale Störung, psychoreaktive Störung, Minimale Cerebrale Dysfunktion, Entwicklungsdysphasie und Wahrnehmungsstörung, machen eine grundlegende Begriffsklärung dringend notwendig: Entgegen einem verbreiteten etymologischen Missverständnis hat Wahrnehmung nichts mit dem Wort Wahrheit zu tun, wie viele annehmen. Der Wortbestandteil „Wahr" leitet sich von einem anderen Wortstamm als dem im Wort Wahrheit ab, nämlich vom Substantiv „Wahr", das wir im Wort „gewahr werden" noch gebrauchen. Das im Mittelhochdeutschen benutzte Verb „war nemen" enthält als ersten Bestandteil das unter „wahren" behandelte Substantiv „Wahr", das soviel bedeutet wie „Aufmerksamkeit, Obhut, Acht, Aufsicht", also „in Aufmerksamkeit nehmen, einer Sache Aufmerksamkeit schenken" (vgl. DUDEN Bd. 7. 1987). Das Verb „wahrnehmen" bedeutet demnach, Dinge aus der Umwelt mit den Sinnen aufnehmen und erfassen. Wahrnehmen kennzeichnet somit einen Vorgang vom Erleben der Umwelt beim Erspüren des eigenen Körpers und beim Bewusstwerden der Identität (vgl. NEUHÄUSER 1996).

Der gesamte Bereich der Wahrnehmung muss als komplexe geistige Konstruktion verstanden werden. Wahrnehmung ist eine „allgemeine und umfassende Bezeichnung für den Prozess des Informationsgewinnens aus Umwelt- und Körperreizen (äußere und innere Wahrnehmung) einschließlich der damit verbundenen emotionalen Prozesse und der durch Erfahrung (…) und Denken erfolgenden Modifikationen" (FRÖHLICH/DREVER 1981, S. 368). Die individuelle Wahrnehmungsorganisation ist entscheidend geprägt von individuellen Erfahrungen, die in der handelnden Auseinandersetzung mit der Wirklichkeit gewonnen werden. Wahrnehmung ist „… einkommende Information so zu filtern und aufzuschlüsseln, dass wir die Beschaffenheit und die Verhältnisse der Welt erkennen, sie so vorhersagbar machen und daher gut in ihr zurechtkommen können" (RUCH/ZIMBARDO 1974, S. 227). Die Wahrnehmung wird also sehr stark in die Nähe der Kognition und intellektuellen Befähigung gerückt. „Wahrnehmung ist also Teil eines komplexen kognitiven und sensorischen Geschehens und damit sowohl Ausgangspunkt von geistigen Tätigkeiten als auch ständige Verbindung von Denken und Sprache" (EGGERT/PETER 1992, S. 13).

Der Definitionsversuch von ROHDE-KÖTTELWESCH (1996, S. 12) lehnt sich an die Position von PIAGET an: „Wir verstehen unter Wahrnehmung die Erzeugung von Information, von Bedeutung. In diesem Sinne beinhaltet das Wahrnehmen gleichsam Prozesse von außen (Umwelt, Sinnesorgane) nach innen (Gehirn, Organismus, Mensch) als auch von innen nach außen. Diese Bedeutungen beeinflussen wiederum unsere Handlungen und die Handlungen ihrerseits können zu Erweiterungen, Veränderungen in den Bedeutungen führen". Wird dieser Kreisprozess unterbrochen, behindert oder erschwert, so sprechen wir von Wahrnehmungsauffälligkeiten.

ZIMMER (1995, S. 31) definiert Wahrnehmung als „den Prozess der Informationsaufnahme aus Umwelt- und Körperreizen (äußere und innere Wahrnehmung) und der Weiterleitung, Koordination und Verarbeitung dieser Reize im Gehirn". Die Autorin unterscheidet beim Prozess der Wahrnehmung in Anlehnung an DUDEL (1985) einen objektiven Anteil (die Aufnahme und Verarbeitung eines Reizes über die Sinnesorgane und die Rezeptoren bis zur Weiterleitung ins Gehirn) und einen subjektiven Teil (die Verarbeitung der Sinneseindrücke zu Empfindungen und individuellen Wahrnehmungserlebnissen). Diese Trennung in eine mehr objektive und eine mehr subjektive Wahrnehmung ist wichtig für die weitere Unterscheidung in periphere und zentrale Prozesse der Wahrnehmung. Als periphere Wahrnehmungsstörungen oder -behinderungen bezeichnen wir Beeinträchtigungen und Schädigungen der peripheren Reizaufnahme über unsere physiologischen Sinnessysteme, wobei hier natürlich auch motivationale, kognitive und emotionale Bedingungen wichtig sind. Psychopathologische Erscheinungsformen, wie illusionäre Verkennungen und Halluzinationen, die bei endogenen Psychosen, organischen Erkrankungen oder unter Drogenkonsum auftreten können, werden hier nicht berücksichtigt. Von zentralen Wahrnehmungsauffälligkeiten sprechen wir dann, wenn bei intakten Sinnessystemen dennoch im Wahrnehmungsprozess des Menschen gehäuft Verzerrungen, Täuschungen und Missverständnisse auftreten. Wahrnehmung ist somit nicht nur ein Prozess der passiven und rezeptiven Reizaufnahme, sondern immer auch ein aktiv-gesteuerter Prozess der Informationssuche (GIBSON 1966) und der Sinngebung (STRAUS 1956), d. h. der subjektiven Interpretation der einlaufenden komplexen Reizkonfigurationen. „Wahrnehmung umfasst die Prozesse der Informationsaufnahme (input), der Weiterleitung von Reizen, der Ver- und Entschlüsselung im Sinne einer Informationsverarbeitung und mündet meist in einem Erkennen und Diskriminieren sowie in einer Reaktion motorischer und sprachlicher Art (output)" (LEYENDECKER 1988, S. 36 f.). Somit scheint an dieser Stelle ein Exkurs in die anatomischen und neurophysiologischen Grundlagen der Wahrnehmung von besonderer Relevanz zu sein.

Neurophysiologische Grundlagen

Der Zusammenhang zwischen der äußeren (peripheren) und der inneren (zentralen) Wahrnehmung sowie weitergehend zwischen dem aktiven Prozess der Wahrnehmung und den einzelnen neurologischen Funktionen wurde in den letzten Jahren durch die Neurophysiologie und die Neuropsychologie intensiv erforscht. Die zur Zeit hier vorliegenden Erkenntnisse erlauben es uns, vorsichtige Annahmen über den komplizierten Wahrnehmungsvorgang und damit auch über die Wahrnehmungsauffälligkeiten auf der deskriptiv-phänomenologischen Ebene zu machen. Dabei wird immer deutlicher, dass zunächst elementare Grundkenntnisse im neurophysiologischen Bereich für das Verstehen der Gesamtproblematik notwendig sind. Die Wahrnehmungsreize aus der Umwelt werden über die Sinnesrezeptoren wie z. B. Auge, Ohr und Haut registriert. Diese Signale werden dann über die aufsteigenden (afferenten) Nervenbahnen zum Gehirn weitergeleitet. Dort laufen dann die Prozesse des Aufnehmens, des Einordnens, des Sortierens, des Klassifizierens und des Vergleichens ab, wobei die bisherigen Erfahrungen, die situative Stimmungslage sowie die persönlichen Bedürfnisse eine wichtige Rolle spielen. Von dort erfolgen über die absteigenden (efferenten) Nervenbahnen die Reaktionen in den Bereichen der Motorik, der Wahrnehmung, des Lernens, des Verhaltens und der Sprache. Das ZNS (Gehirn und Rückenmark) steuert und überwacht somit permanent unser gesamtes Verhalten. Im Rückenmark werden die afferenten und die efferenten Nervenbahnen zusammengefasst. Sie stellen damit die Verbindungen zwischen dem Gehirn und der Körperperipherie her. Insgesamt gesehen kann der Prozess der Informationsverarbeitung als Kodierungs- und Dekodierungsvorgang betrachtet werden, wobei die Qualität dieses komplexen Geschehens von der Wachsamkeit und Aufmerksamkeit des Kindes in der jeweiligen Situation abhängt.

Eine Antwort auf die Frage, welche Faktoren die Entwicklung des Gehirns nun nachhaltig beeinflussen, geben uns die Forschungsergebnisse der Neurobiologen und der Neurophysiologen. Werfen wir daher einen Blick in das Gehirn (siehe auch Abb.): Die wesentliche Verarbeitung von Informationen erfolgt in der Cortex, einer zwei bis drei Millimeter dicken Nervenzellschicht. Auf dieser Cortexoberfläche unterscheiden wir nun vier große Bereiche, die für unterschiedliche Funktionen zuständig sind. Im Hinterhauptsbereich werden schwerpunktmäßig visuelle Informationen (Sehen) verarbeitet. Im Schläfenlappen werden die auditiven Informationen (Hören) verarbeitet und in der linken Hirnhälfte ist bei den meisten Menschen die Sprache zentriert. Im Scheitellappen werden die taktil-kinästhetischen Informationen (Tasten/Fühlen) von den Rezeptoren der Hände, der Beine oder auch dem Gesicht verarbeitet. Im Frontallappen, der etwa 40 % des gesamten Gehirns ausmacht, sind die typischen menschlichen Eigenschaften der Persönlichkeit, wie subjektives Erleben, Bewusstsein und die Psyche beheimatet (vgl. PÖPPEL/ EDINGSHAUS 1994).

Wir wissen heute sehr genau, dass Erfahrungen und Emotionen unsere aktuellen Sinneseindrücke beeinflussen. Augen, Ohren, Haut oder Zunge sind als Sinnesrezeptoren für unsere Wahrnehmung allein nicht verantwortlich. Ein System mit Gedächtnis, Reizaufnahme, Reizverarbeitung und Reizweiterleitung muss beteiligt sein. Dies ist unser Gehirn; hier laufen alle aufgenommenen Reize zusammen und werden erst hier zu dem, was wir als Wahrnehmungserlebnis subjektiv empfinden, einschließlich der Missverständnisse und Täuschungen.

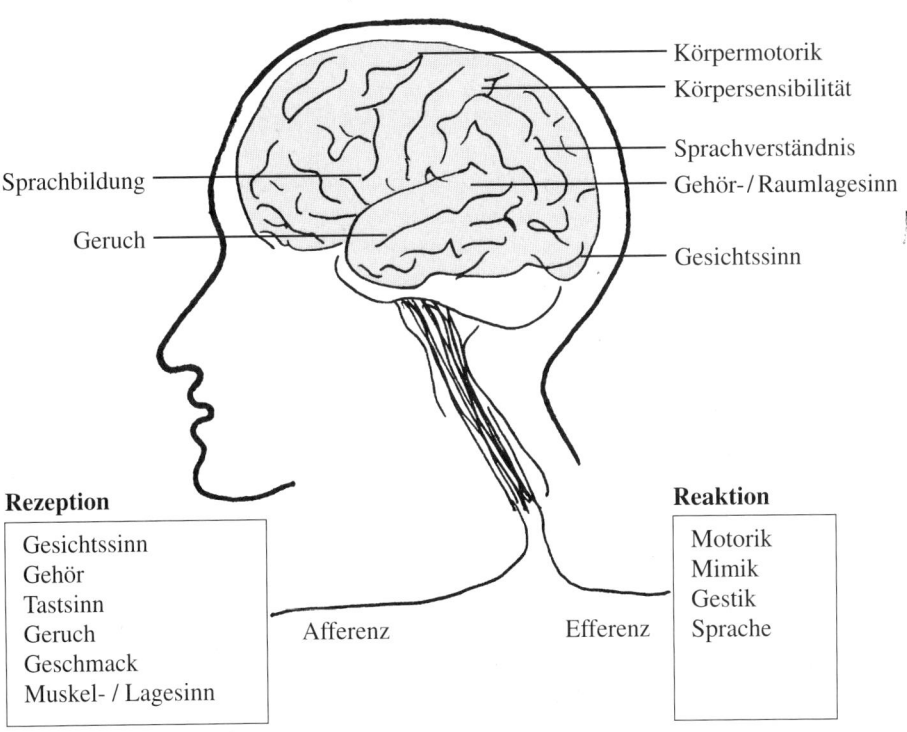

Wahrnehmungsareale des Gehirns nach LEYENDECKER (1988)

Zum besseren Verständnis der Arbeitsweise des Gehirns sind die wesentlichen Bausteine des ZNS genauer zu betrachten. Im Folgenden werden daher kurz der Aufbau und die Funktionsweise der Nervenzelle und der Synapse dargestellt.

Die Nervenzelle

Die Weiterleitung der Sinneseindrücke erfolgt über die afferenten (aufsteigenden) Nervenbahnen, welche Zellfortsätze der Nervenzellen sind. Die wichtigsten Bausteine des Nervensystems sind die Nervenzellen, auch Neurone genannt. Das menschliche Gehirn besitzt ca. 15 bis 25 Milliarden (vgl. KIPHARD 1983, AYRES 1984). Größe und Form der Nervenzellen sind unterschiedlich, Bauplan und Funktionsweise jedoch gleich. So besteht jede Nervenzelle (Neuron) aus dem Zellkörper – mit Zellmembran, Zellflüssigkeit, Zellkern – und zahlreichen Zellfortsätzen, die sich nach Länge und Verzweigung, aber vor allem nach ihrer Funktion in zwei unterschiedlichen Typen unterteilen lassen:

Die erste Art der Fortsätze wird Axon genannt. Das Axon weist nur wenige Verzweigungen und Verästelungen auf. Es kann die Länge von mehr als einem Meter erreichen und stellt die Verbindung zu anderen Nerven- und Muskelzellen her. Informationen und Impulse werden so von der Nervenzelle über das Axon zu anderen nachgeschalteten Zellen weitergeleitet.

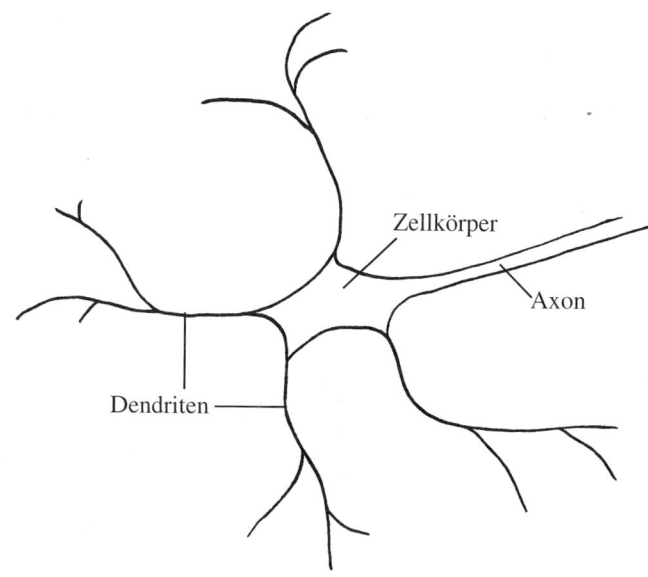

Schematische Darstellung einer Nervenzelle (Neuron)

Zellfortsätze der anderen Art werden als Dendriten bezeichnet. Sie sind meistens weit verzweigt und in verschiedenen Teilen des ZNS unterschiedlich angeordnet. Die Dendriten selbst stellen aktiv keine Verbindungen zu anderen Zellen her. Sie sind lediglich Fixpunkte für die Axone anderer Nervenzellen. Nach REXRODT (1981) übernehmen sie die Funktion von „Radarantennen" für die Nervenzelle, weil sie Impulse und Informationen von anderen Zellen regelrecht auffangen. Eine Nervenzelle kann mit Hilfe des sogenannten Dendritenbaums weit über 10 000 Kontakte zu anderen Zellen herstellen (vgl. KIPHARD 1983). An den Ästen dieses Dendritenbaumes befinden sich wiederum zahlreiche kleine Dornen (Spines) von denen wir wissen, dass sie die eigentlichen Kontaktstellen für die Axone anderer Nervenzellen sind (vgl. BRAND u. a. 1986).

Die Synapse
Das menschliche Nervensystem funktioniert nur dann, wenn Zellen miteinander Signale austauschen, d. h. der Nervenimpuls muss von einer Zelle zur anderen überspringen. Doch wie kann nun der Abstand vom Ende des Axons eines Neurons zur nächsten Zelle überwunden werden? Die Stelle, an der die einzelnen Neuronen sich sehr nahekommen ohne sich jedoch zu berühren, ist die Synapse. Der Zwischenraum zwischen den einzelnen Zellen wird als Synaptischer Spalt bezeichnet. Das Axon hat an seinem Ende in winzigen Bläschen verpackt einen chemischen Stoff, der wegen seiner Überträgerfunktion Transmitter genannt wird. Die Trans-

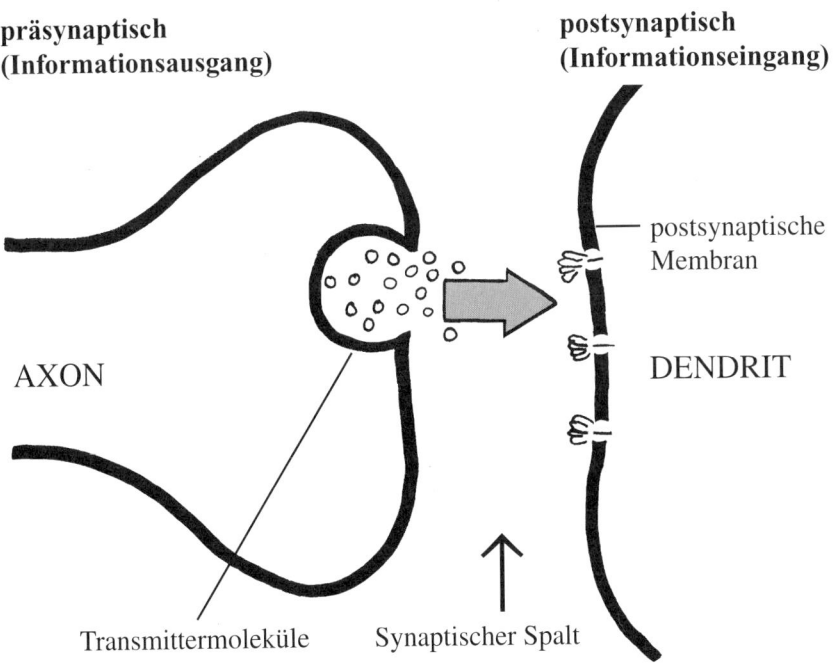

präsynaptisch
(Informationsausgang)

postsynaptisch
(Informationseingang)

postsynaptische
Membran

AXON

DENDRIT

Transmittermoleküle   Synaptischer Spalt

Schematische Darstellung einer Synapse nach MAELICKE (1990)

mittermoleküle schwimmen nun durch den synaptischen Spalt bis zur Membran der nächsten Zelle. Dort werden sie von speziellen Proteinen aufgenommen, die nun wiederum in dieser Zelle den gleichen Vorgang auslösen. Die Synapse ist also der Ort, an dem Aktionspotentiale mit Hilfe der Transmittersubstanz von einer Zelle auf die nächste übertragen werden (vgl. MAELICKE 1990).

Da eine Nervenzelle mit zehntausenden anderer Nervenzellen in Kontakt steht, wird die unvorstellbare Anzahl von 500 Billionen Synapsen im Gehirn erreicht (vgl. KIPHARD 1983).

Für den Lehrer ist es wichtig zu wissen, dass an der Synapse durch Hektik, überhöhtes Unterrichtstempo, Stress, Druck und Angst hormonelle Bedingungen herbeigeführt werden können, die den Transport und die Weiterleitung der Signale verhindern. Es werden Stresshormone ausgeschüttet, die die Verbindungen zwischen den einzelnen Nervenenden stören oder gar völlig verhindern. Man sollte daher nicht annehmen, das betroffene Kind verhielte sich in manchen Unterrichtssituationen bewusst unkonzentriert oder unaufmerksam. Das Gegenteil ist der Fall: Wahrnehmungsauffällige Kinder benötigen erhöhte Aufmerksamkeit und Konzentration um etwas zu hören, zu sehen, zu fühlen, zu lesen oder zu schreiben. Daher sind diese Kinder auch schnell müde und zeigen eine auffallende Antriebsschwäche (zuweilen als Faulheit interpretiert). Damit das Kind die geforderten Leistungen in der Schule erbringen kann, müssen die einzelnen Wahrnehmungsbereiche so gefördert werden, dass sie optimal zusammenarbeiten können. Für diese Zusammenarbeit ist es notwendig, dass gute Bedingungen für den Signaltransport bereitgestellt werden (vgl. THEWALT 1997).

Entwicklungspsychologische Grundlagen

Klinische und entwicklungspsychologische Untersuchungen belegen, dass bereits die einzelnen Sinnessysteme und -funktionen eines Neugeborenen weitgehend funktionsfähig sind (vgl. EGGERT/PETER 1992). Auf diesem Hintergrund einer doch erheblich veränderten Betrachtungsweise des Säuglings vom „hirnrindenlosen Reflexwesen" (KELLER/MEYER 1982) zum aktiven, informationsverarbeitenden Lebewesen, das vom ersten Tag seines Lebens an ein voll funktions- und arbeitsfähiges Sinnessystem besitzt, sind in den letzten Jahren einige Konzeptionen über die mögliche Entwicklung der Wahrnehmung erarbeitet worden. Die Sinne des Menschen sind zwar vom ersten Tag an voll funktionsfähig, ihre enge Kooperation unter- und miteinander entwickelt sich aber erst in den ersten Lebenswochen und -monaten. PIAGET sieht den Einfluss von Umweltgegebenheiten von Geburt an als wesentlichen Bestandteil der kindlichen Entwicklung an. Bereits in den ersten Tagen, Wochen und Monaten aktiviert der Säugling das Saugen, Greifen, Fühlen, Tasten, Sehen und Hören. Diese Phase der sensomotorischen Entwicklung ist ohne taktil-kinästhetische, visuelle und auditive Wahrnehmung der Umwelt nicht möglich. Treten in dieser Zeit Schwierigkeiten und Störungen durch eine reduzierte und beeinträchtigte Wahrnehmung auf, so kann die weitere Entwicklung des Kindes entscheidend negativ geprägt werden (EGGERT/PETER 1992). Die Entwicklung der Wahrnehmungsfähigkeiten ist abhängig vom täglichen Gebrauch der einzelnen Sinnesorgane und vom Reizangebot der Umwelt. Jede handelnde Tätigkeit des Kindes führt zu neuen Erfahrungssituationen, die eine Ausdifferenzierung der Wahrnehmung fördern (vgl. ZIMMER 1990). Die Wahrnehmungsfähigkeiten bilden dann die Grundlage für die weitere Ausbildung der höheren kognitiven Funktionen und somit für das Lesen, Schreiben und Rechnen. Zum besseren Verständnis ist es hilfreich, sich an dieser Stelle mit einigen theoretischen Entwürfen und Modellvorstellungen zur Entwicklung der Wahrnehmung auseinanderzusetzen:

Für das heranwachsende Kind bildet die Wahrnehmung die Grundlage der kognitiven Entwicklung. PIAGET spricht hier vom Primat der Wahrnehmung in der Intelligenzentwicklung des Kindes (vgl. PIAGET 1969). Im Bewusstsein des aufwachsenden Kleinkindes existiert nur das, was es wahrnehmen kann, es kann selbst noch keine Vorstellungen bilden oder gar antizipatorisch denken. In enger Anlehnung an die motorische Entwicklung erweitern sich allmählich seine Wahrnehmungsmöglichkeiten. Diese Entwicklung vollzieht sich nun einerseits im Sinne einer Differenzierung und andererseits im Sinne einer zunehmenden Integration, d.h. Verknüpfung und Koordination von Wahrnehmungen verschiedener Sinnesleistungen (vgl. LEYENDECKER 1988). Die grundlegende Bedeutung der Wahrnehmungsvorgänge für die Entwicklung der kognitiven Funktionen lässt sich gut an dem weit verbreiteten Stufenmodell zur Entwicklung der Wahrnehmung von AFFOLTER (1975) darstellen. Hiernach unterscheiden sich drei Stufen der Integration der einzelnen Wahrnehmungsmodalitäten, die hierarchisch aufeinander aufbauen.

Modalstufe
Diese Stufe wird oft auch modalitätsspezifische oder intramodale Stufe genannt. Modales Lernen meint ein Lernen ausschließlich in einem Sinnesgebiet, d.h. zunächst entwickeln sich Wahrnehmungsleistungen innerhalb einzelner Wahrnehmungskanäle ohne deren Kombination. Das Kleinkind hört eine Stimme und reagiert darauf mit dem Kopfdrehen. Nach und nach aber erkennt es immer mehr unterschiedliche Stimmen und schafft es zunehmend, auch ähnliche Stimmen voneinander zu unterscheiden. So lernt es, das Gesicht einer bestimmten Person (Mutter) zu fixieren, die Farb- und Formmerkmale eines Balles zu erfassen oder auch Laute zu unterscheiden und diese innerhalb eines Wortes wahrzunehmen.

Intermodale Stufe
Auf dieser Stufe rücken nun die Verknüpfungen zweier Sinnesmodalitäten in den Mittelpunkt der weiteren Entwicklung. So ergeben sich nach und nach die Möglichkeiten visuell-auditiver, visuell-taktil-kinästhetischer, auditiv-taktil-kinästhetischer sowie visuell-auditiv-taktil-kinästhetischer Integration. Auf dieser Stufe

müssen simultan auftretende Wahrnehmungsreize verarbeitet und miteinander verknüpft werden, etwa der visuelle Eindruck eines Balles mit der taktilen Erfahrung der Kugelform und der fühlbaren Glätte. Eine sehr wichtige frühe intermodale Leistung des Kindes ist die Auge-Hand-Koordination, wie auch der sogenannte soziale Blickkontakt, als eine komplexe Verbindung von visuellen, taktil-kinästhetischen und auditiven Empfindungen. Das Kind kann nun Gegenstände – z. B. eine Uhr – hören, sehen und greifen. Eine intermodale Leistung für Schulkinder besteht darin, dass sie visuell wahrgenommene Buchstaben von der Tafel in ihr Heft übertragen bzw. gehörte Laute in Form von Buchstaben aufschreiben können (vgl. LEYENDECKER 1988). Wir wissen heute, dass die meisten Wahrnehmungen über mehrere Sinneskanäle erfolgen; je mehr solcher Sinnesmodalitäten angeregt und benutzt werden, desto effektiver ist die Wahrnehmung (vgl. hierzu das didaktisch-methodische Konzept „Lernen mit allen Sinnen").

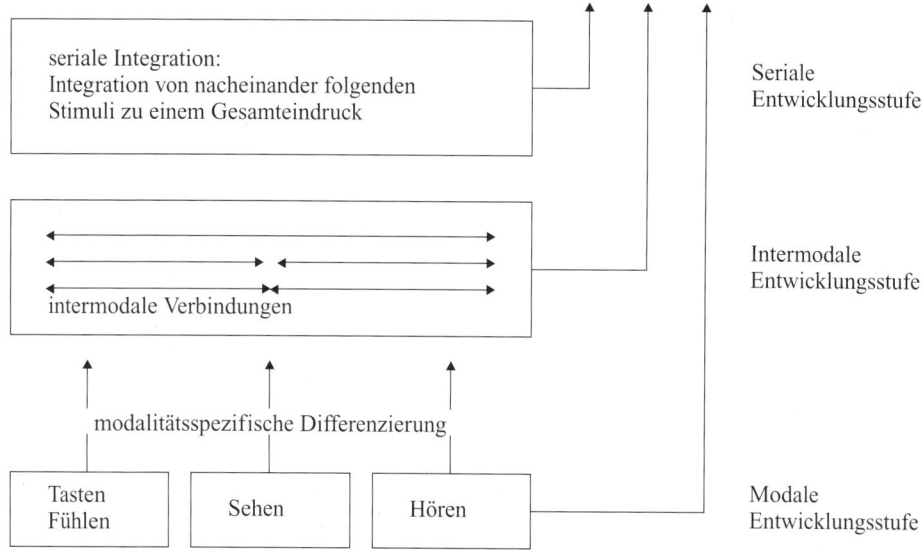

Wahrnehmungsentwicklung nach AFFOLTER (1975)

Seriale Stufe

Mit stets fortschreitender Entwicklung und Handlungsfähigkeit gelingen dem Kind nun auch Handlungsverbindungen. Es kann aufeinander folgende Reizmuster aus allen Sinnesgebieten miteinander verknüpfen und alle einlaufenden Informationen werden zu einer sinn- und bedeutungsvollen Ganzheit integriert. Diese seriale Wahrnehmung macht es möglich, dass unterschiedliche Handlungsfolgen und nacheinander ablaufende Reize räumlich und zeitlich integriert wahrgenommen werden können. Diese Integrationsstufe setzt nun aber teilweise Kognitions- und Gedächtnisprozesse voraus, denn Seriation erfordert das Erkennen eines kausalen oder funktionalen Zusammenhangs zwischen zwei Reizen und das unmittelbare

Behalten der zu integrierenden aufeinander folgenden Signale. Das Erreichen dieser serialen Entwicklungsstufe ist gleichzeitig auch die Voraussetzung zum Erlernen der Laut- und Schriftsprache. Lesen und Schreiben erfordert z. B. die Berücksichtigung eines geregelten Nacheinander von Buchstaben. Beim Lesen erschließt das Kind den Sinn erst durch das Erkennen und Erfassen der Serialität.

Die in diesem Modell beschriebenen Stufen vermitteln den Eindruck einer hierarchisch geordneten Wahrnehmungsentwicklung. Doch es handelt sich hierbei vielmehr um ineinander verschachtelte Phasen, wobei das Modell lediglich die Entwicklung der erforderlichen Fähigkeiten aufzeigt. Die ankommenden Reize aus der Umwelt werden durch die Sinnesrezeptoren aufgenommen, weitergeleitet und zu einer gemeinsamen Information, zu einem neuen Reizmuster zusammengeschmolzen. Die einzelne, isolierte Information ohne jegliche Beziehung und Bindung zu den anderen Sinneskanälen ist bedeutungslos. Erst durch die Verschmelzung der eingehenden Stimuli aus verschiedenen sensorischen Kanälen erhält der Wahrnehmungsvorgang Bedeutung und Sinn; dieser Prozess wird auch sensorische Integration genannt (vgl. AYRES 1979, 1984; BRAND u. a. 1986). Erst das harmonische Funktionieren und Zusammenspielen der verschiedenen Sinnesbereiche bewirkt eine intakte und gut funktionierende Wahrnehmung.

Das entscheidende bei dem folgenden Modell von AYRES ist ebenfalls nicht das Funktionieren der einzelnen Sinnesorgane, sondern auch das Zusammenschließen und Verschmelzen der einzelnen Sinne zu einem bedeutungsvollen Ganzen. In der

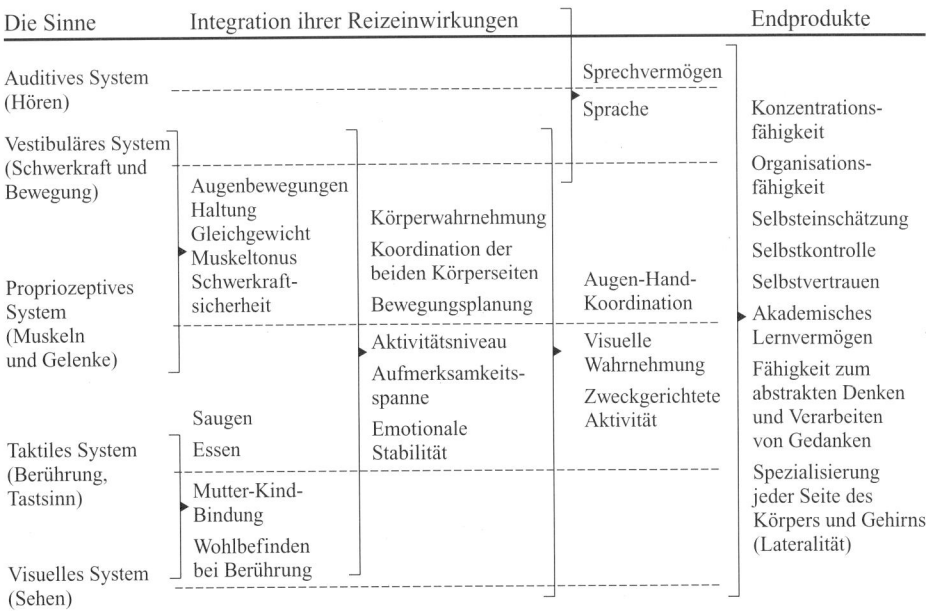

Entwicklung der Reizintegration nach AYRES (1984)

Abbildung wird dieser Prozess der Reizintegration dargestellt, der für die Entwicklung der Persönlichkeit, die Ausprägung der Intelligenz und damit für das Lernen in der Schule von großer Bedeutung ist:

In der ersten Entwicklungsphase werden vor allem taktile Reize von allen Stellen der Haut, insbesondere an den Fingern, von den Gelenken und den Muskelgruppen zusammengefasst um so dem Kind z. B. das Saugen zu ermöglichen. Durch die weitere Verschmelzung der vestibulären (das Gleichgewicht betreffend) und propriozeptiven (die Eigenwahrnehmung betreffend) Informationen in dieser Entwicklungsphase werden die Augenbewegungen, die Haltung des Körpers, das Gleichgewicht des Kindes sowie der Muskeltonus entwickelt. Nach der Integration der taktilen, vestibulären und propriozeptiven Reize wird die nachfolgende Phase erreicht. Auf dieser Ebene sollen dann die Körperwahrnehmung, die Aufmerksamkeit, die Konzentration, die Koordination der beiden Körperhälften, die motorische Planung sowie eine psychische und emotionale Stabilität erreicht werden. Die visuellen und auditiven Sinneseindrücke werden erst in der folgenden dritten Phase mit in den Integrationsprozess einbezogen. Jetzt lernt das Kind, die Sprache zu verstehen und Sprache zu produzieren. Ebenso gelingt nun auch die Auge-Hand-Koordination. In der vierten und letzten Phase der Entwicklung werden schließlich alle möglichen Sinnesreize zusammengebracht und miteinander verknüpft. Das Kind durchläuft diese vier Entwicklungsphasen allerdings nicht chronologisch, sondern es bewegt sich sozusagen während der gesamten Kindheit auf allen vier Entwicklungsebenen gleichermaßen (vgl. auch BRAND 1986).

Organisationsprinzipien der Wahrnehmung

Die Organisationsprinzipien der Wahrnehmung wurden in der Vergangenheit weitgehend für den visuellen Wahrnehmungsbereich entwickelt und beschrieben (vgl. KRETCH/CRUTCHFIELD u. a. 1985). Die dort dargestellten Fakten erheben jedoch für alle Bereiche der Wahrnehmung Anspruch auf Gültigkeit. So können diese Prinzipien in ähnlicher Weise auch für den in den letzten Jahren stärker erforschten Bereich der auditiven Wahrnehmung angenommen werden (vgl. GÜNTHER/GÜNTHER 1988). Die Organisation der Sinnesreize aus der Umwelt folgt bestimmten Prinzipien und Gesetzmäßigkeiten, die konsequenterweise für die didaktisch-methodische Gestaltung des Unterrichts in der Grundschule sowie für die spezielle Förderung nach dem Konzept „Lernen mit allen Sinnen" Bedeutung haben (vgl. LEYENDECKER 1988). Die grundlegende Annahme der Gestaltpsychologen, dass die Organisation selbst ein Teil jedes Wahrnehmungsvorganges ist, wird heute allgemein anerkannt (vgl. ZIMBARDO 1983).

Zur Quantität der Reize
Die menschliche Wahrnehmung der Wirklichkeit ist durch die jeweils individuellen sensorischen Möglichkeiten begrenzt. Unsere Sinnessysteme erlauben es uns

lediglich, einen Ausschnitt aus dem großen Spektrum der Reizkonstellationen auf-zunehmen. So können wir z. B. auditiv nur in einem Frequenzbereich bis ca. 20 000 Hz wahrnehmen oder unser menschliches Auge kann z. B. ultraviolette und infra-rote Strahlen nicht rezipieren. Wir können davon ausgehen, dass wir im Rahmen unserer doch recht bescheidenen sensorischen Möglichkeiten nicht alles registrie-ren können, was uns an Reizen und Reizmustern umgibt. Je nach subjektivem Bedürfniszustand, individuellem Aktivierungsniveau und vor allem nach den bis-her gemachten Erfahrungen ist unsere menschliche Wahrnehmung begrenzt und eingeschränkt (vgl. LEYENDECKER 1988).

Zur Auswahl der Reize
Auch bei der Auswahl der Reize und Informationen spielen wir eine aktiv-steu-ernde Rolle. Wir wenden uns selektiv nur bestimmten Reizen zu. Darüber hinaus erreicht unser menschliches Bewusstsein nur ein geringer Prozentsatz von dem, was wir aktuell wahrnehmen. So findet der Leser dieses Buches in diesem Augen-blick nur diese Seite bzw. diese Zeile in seinem Bewusstsein wieder, obwohl gleich-zeitig viele andere Reize auf ihn einwirken; Geräusche der Umgebung, Gerüche im Raum und Druckempfindungen durch die Sitzhaltung werden momentan nicht registriert. Welche Informationen nun aber wahrgenommen werden, hängt ganz entscheidend von folgenden Faktoren ab:

- Art und Intensität der Reize
  Ein lautes Geräusch in der Schulklasse weckt die Aufmerksamkeit, ganz gleich ob wir es erwartet haben oder nicht.

- Erwartungshaltung
  Die bisherigen Erfahrungen prägen die Auswahl der rezipierten Reize. Kommt ein Lehrer neu in eine Klasse, die von den Kollegen als sehr schwierig beschrie-ben worden ist, so richtet sich seine Konzentration auf die schwierigen Kinder und nicht auf die ruhigen.

- Bedürfnisse
  Unsere menschlichen Bedürfnisse und persönlichen Wünsche richten unsere Aufmerksamkeit auch auf Wahrnehmungsgegenstände, denen wir uns momen-tan eigentlich gar nicht zuwenden wollen oder sollen. Je stärker und intensiver das Bedürfnis wird, umso mehr tritt alles andere in den Hintergrund und wird nicht mehr wahrgenommen. Ein hungriges Kind z. B. hat nur noch sein Pausen-brot im Auge und ihm läuft schon das Wasser im Mund zusammen, wenn es visuelle Symbole oder Gerüche wahrnimmt, die ihm Sättigung versprechen. Der eigentliche Unterricht wird unwichtig.

Zur Organisation der Reize
Menschliche Wahrnehmungen sind nie eine originale Abbildung der physikali-schen Welt. Sie werden von dem wahrnehmenden Menschen immer wieder neu strukturiert und organisiert. Die einfachste Form der Wahrnehmungsorganisation

unserer Umwelt ist die Unterscheidung von Figur und Hintergrund. Diese Figur-Grund-Differenzierung ist derart basal und elementar, dass es schwer fällt, sich bewusst zu machen, dass diese Differenzierung bei jeder Wahrnehmungsaktivität vorgenommen wird. Wenn wir z. B. die nachfolgende Abbildung betrachten, dann stellen wir fest, dass Figur und Hintergrund in kürzester Zeit wechseln können. An solchen Kopffiguren erkennen wir, dass die Unterscheidung von Figur und Hintergrund immer wieder eine aktive Wahrnehmungsleistung ist.

Kopffigur

Ein weiteres gutes Beispiel für die Figur-Grund-Beziehung im Bereich der Wahrnehmung ist die Tarnung von Tieren oder Soldaten. Die Tarnung kann dann als gelungen bezeichnet werden, wenn die Figur (Tier oder Soldat) im Hintergrund der Natur verschwindet. Manche Grundschüler haben im Rahmen des Leselernprozesses und beim Schreiben Schwierigkeiten damit, den gedruckten Buchstaben b auf einem Blatt mit vielen gedruckten b und p herauszufinden. Diese grundlegende Unterscheidung in eine Figur und einen Hintergrund treffen wir nicht nur bei der visuellen Wahrnehmung, sondern auch in anderen Sinnesbereichen. Befinden wir uns z. B. in einem großen Raum mit vielen Menschen, so laufen gleichzeitig viele einzelne Gespräche und Diskussionen ab. Bei all diesem Lärm und Stimmengewirr haben wir aber dennoch die Fähigkeit, uns auf einzelne Gesprächspartner zu konzentrieren ohne von anderen abgelenkt zu werden. Dieses in der Literatur beschriebene „Cocktail-Party-Phänomen" lösen wir dadurch, dass wir auditiv einige Stimmen als Figur in den Vordergrund stellen, während wir den Rest des Stimmengewirrs als Rauschen in den Hintergrund rücken.
Bei der Gruppierung von Objekten unserer Wirklichkeit spielt auch die Nähe eine wichtige Rolle. Objekte der Umwelt, die näher beisammen sind, haben eine größere Tendenz, zusammengefasst und gruppiert zu werden. Neben der räumlichen Nähe ist ebenso die zeitliche Nähe bedeutsam. Bei Geräuschen, Klängen und gesprochenen Wörtern, die in unterschiedlichen Intervallen aufeinander folgen,

werden die kurz hintereinander erklingenden eher zusammengefasst (vgl. EGGERT/PETER 1992).

Zur Interpretation der Reizmuster

Nicht immer sind die auf uns einströmenden Reize und Informationen klar gegeneinander abzugrenzen und eindeutig zu bestimmen. Je mehrdeutiger das Reizmuster, umso größer ist der Spielraum für notwendige Interpretationen. Man denke nur etwa an die Farbenkomposition Türkis: Die einen sehen mehr das Grün, die anderen mehr das Blau.

Bei vieldeutigen Reizmustern wird die Interpretation von uns selbst durch die dahinter stehenden Motive, Bedürfnisse, Interessen und persönlichen Erwartungen bestimmt (vgl. LEYENDECKER 1988). Darüber hinaus spielt bei der Interpretation von Wahrnehmungen der menschliche Anpassungsmechanismus eine große Rolle. Ob wir eine Figur von nah oder von fern, von der Seite oder von unten betrachten, sie behält ihre Größe und Gestalt (im Sinne der Wahrnehmungskonstanz), auch wenn sich durch die verändernden Positionen der Wahrnehmung die zugrunde liegenden Reize (Abbildungen auf der Netzhaut) sehr verändern und unterscheiden. Die Bewertungen unserer Wahrnehmung tendieren nach LEYENDECKER (1988) grundsätzlich in zwei Richtungen: zum einen zur Assimilation (Angleichung) und zum anderen zur Kontrastierung (Hervorhebung der Unterschiede). Er führt hier das Experiment mit dem sogenannten Kontrastring an um deutlich zu machen, wie stark die Reize der Umgebung die Kontrastwirkung beeinflussen:

Beispiel für Assimilation und Kontrastierung nach LEYENDECKER (1988)

Der Ring erscheint dem Leser wahrscheinlich grau und er wird aufgrund seiner Umrisse als ein geschlossenes Ganzes wahrgenommen. Durch den Prozess der

Assimilation behält er seinen einheitlichen Farbton, obwohl der Kontrast das Grau auf der linken schwarzen Seite aufhellen und auf der rechten weißen Seite vertiefen müsste. Teilt man nun die Kontur, indem man auf die Mittellinie der Zeichnung einen Faden oder einen Stift legt, so entsteht ein frappierender Kontrast: Das Grau der linken Hälfte des Rings erscheint heller als das der anderen Hälfte.

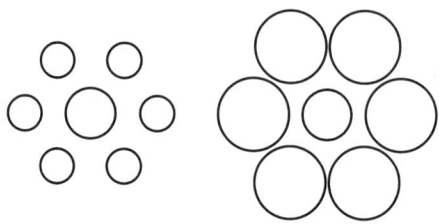

Beispiel für Kontrastierung nach LEYENDECKER (1988)

Die zwei zentralen Kreise in der obigen Abbildung sind gleich groß, obwohl Sie als Leser sicherlich den Eindruck haben, dass der von den kleinen Kreisen umgebene größer ist.

Hinsichtlich der Interpretation der eingehenden Reize und Informationen können wir davon ausgehen, dass die Wahrnehmung keine objektive Wirklichkeit, sondern eine subjektiv gefärbte Welt vermittelt: Wir nehmen das wahr, was unseren Bedürfnissen, Erfahrungen und Erwartungen entspricht. Die Verzerrung der objektiven Wirklichkeit durch die Wahrnehmung wird in der sozialen bzw. in der Person-Wahrnehmung besonders deutlich (vgl. MICHEL/NOVAK 1991). Die aufgezeigten Gesetzmäßigkeiten haben Gültigkeit für die Wahrnehmung von Gegenständen, Tieren, Personen und von jeglichem menschlichen Verhalten. So neigen Lehrer im Unterricht dazu, Wahrnehmungen, die einer stereotypen Erwartungshaltung widersprechen, entweder zu ignorieren (Prozess der Assimilation) oder aber zu übertreiben (Prozess der Kontrastierung). Gerade bei der Bewertung und Beurteilung von „guten" und „schlechten" Schülern wird diese Tendenz deutlich. Bei guten Schülern übersieht der Lehrer z.B. häufig das Schwätzen im Unterricht, bei einem schlechten Schüler nimmt er jedes abweichende Verhalten im Unterricht wahr, auch wenn es noch so unbedeutend ist.

Modellvorstellungen

Unter Wahrnehmung verstehen wir die Gesamtheit der Informationsaufnahme, d.h. die Erfassung der äußeren Reize über die Sinnesrezeptoren, die Weiterleitung zu den entsprechenden zerebralen Zentren im Gehirn sowie die Speicherung, das Vergleichen mit bisherigen Erfahrungen und die Interpretation der Empfindungen (vgl. SCHMIDT/SCHNEIDER 1988). Hinsichtlich der Vorstellung von Entwicklung und Arbeitsweise der menschlichen Wahrnehmung gibt es nun unterschiedliche Konzeptionen, von denen drei nachfolgend kurz umrissen werden:

Der Vorgang der Wahrnehmung wird von ZIMMER (1995) als ein kreisförmiger Prozess beschrieben, bei dem jeder Reiz mit Hilfe bereits gespeicherter Informationen verarbeitet wird und gleichzeitig neue Erfahrungen nach sich zieht. Sie beschreibt den Verlauf des Wahrnehmungsprozesses folgendermaßen:

1. Zunächst erfolgt die Aufnahme des Reizes durch das jeweilige Sinnessystem.
2. Danach wird der Reiz über die afferenten Bahnen in die entsprechenden Areale der Großhirnrinde weitergeleitet.
3. Jetzt werden die ankommenden Reizmuster gespeichert.
4. Danach wird der neue Reiz mit den bisher gespeicherten Erfahrungen verglichen.
5. Nun erfolgt die Verknüpfung der einzelnen Reize mit den verschiedenen sensorischen Zentren im Gehirn.
6. Die Reize werden jetzt zerebral verarbeitet und in die bisherigen Erfahrungen eingeordnet.
7. Schließlich erfolgt die Reaktion und Reizbeantwortung im Sinne einer motorischen Handlung bzw. einer Verhaltensänderung über die efferenten Nervenbahnen.

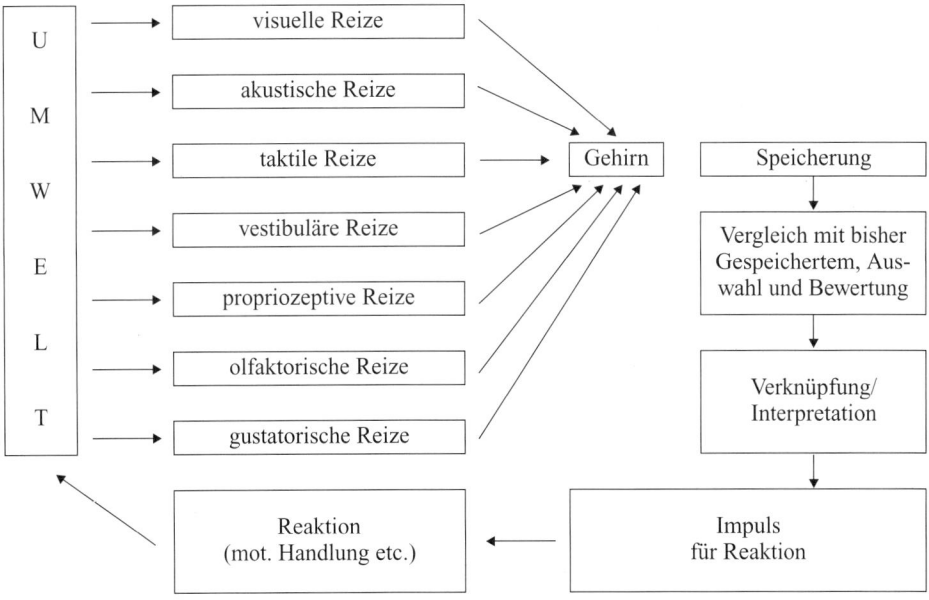

Verlauf des Wahrnehmungsprozesses nach ZIMMER (1995)

Einen weiteren theoretischen Entwurf zur Erklärung der Wahrnehmung liefert uns AYRES (1979, 1984) mit ihrem Konzept der sensorischen Integration, das in dem

Buch „Bausteine der kindlichen Entwicklung" beschrieben wird (vgl. hierzu auch BRAND u. a. 1986, KESPER 1992 und BARTH 1993). In diesem neurophysiologischen Ansatz wird der oft übersehene Zusammenhang zwischen Lernen bzw. Lern- und Wahrnehmungsstörungen und den neurologischen Funktionen hervorgehoben. Die Theorie von AYRES basiert auf den Erkenntnissen der Hirn- und Verhaltensforschung, der sogenannten Neuro-Verhaltens-Theorie, welche Erkenntnisse der Neurophysiologie und der Hirnforschung zur genaueren Erklärung von Lernprozessen heranzieht: „Lernen ist eine Funktion des Gehirns" (AYRES 1979, S. 1). Störungen können daher als Abweichung innerhalb der neuralen Funktionen betrachtet werden. Sensorische Integration wird definiert als die Aufnahme von Informationen aus der Umwelt über die verschiedenen Rezeptoren bzw. Sinnesmodalitäten und deren Verarbeitung im ZNS. Störungen der sensorischen Integration betreffen immer die gesamte Entwicklung des Kindes und nicht nur einzelne Bereiche oder Dimensionen. Nach AYRES basiert die kindliche Entwicklung auf der sensorischen Integration der Nahsinne (Gleichgewichtsempfinden, Tiefensensibilität und Oberflächenwahrnehmung) und der Fernsinne (Sehen, Hören, Schmecken, Riechen), die sich gegenseitig beeinflussen und als ganzheitliche Vorgänge zu betrachten sind. Dieses Konzept der sensorischen Integration ist ein hilfreiches Konzept zur Früherkennung und Förderung von Risikokindern im Anfangsunterricht der Grundschule. Das Wissen um solche Störungsbilder kann den Lehrern helfen das wahrnehmungsauffällige Kind mit seinen allgemeinen Problemen und speziellen Schwierigkeiten besser zu verstehen.

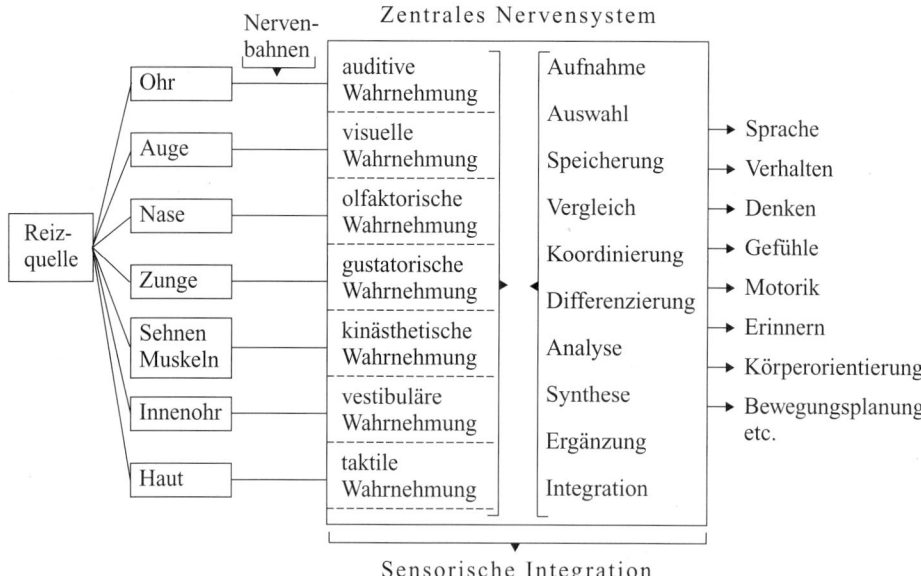

Modell der Sensorischen Integration nach BARTH (1993)

Die Motorik (Bewegung) bzw. die Sensomotorik (Integration durch Bewegung) übernimmt in diesem Konzept eine zentrale Bedeutung. Quantität und Qualität der Bewegung stehen in engem Zusammenhang mit der Hirnreizung. So bilden das Gleichgewichtssystem, d. h. die Informationen über die eigene Position im Raum, die Tiefensensibilität, d. h. die Informationen über die Muskeln, Sehnen und Gelenke des eigenen Körpers sowie die Oberflächensensibilität, d. h. die Informationen über die Haut, die sensomotorischen Grundlagen für alle anderen Wahrnehmungsprozesse. Diese Nahsinne werden daher auch als Basissinne bezeichnet. Ohne ein intaktes Funktionieren dieser Nahsinne gibt es kein Funktionieren der Fernsinne. Die visuellen und auditiven Wahrnehmungsvorgänge bauen auf den erwähnten Nahsinnen auf. Das Gehirn funktioniert nach AYRES durch das Zusammenwirken vieler Hirnareale als komplexes Ganzes. Kein Teil des Gehirns arbeitet isoliert oder unabhängig von anderen Hirnbereichen. Das optimale Funktionieren des Gehirns ist daher davon abhängig, wie störungsfrei die einzelnen Hirnstrukturen zusammenarbeiten. Bei einem gut funktionierenden Gehirn stehen die einzelnen Funktionsebenen in ständiger Interaktion. Solange „der Hirnstamm die fundamentalen, taktilen, optischen und akustischen Informationen nicht in geeigneter Weise verarbeitet hat, kann die Hirnrinde keine präzise taktile, visuelle oder auditive Wahrnehmung ausbilden" (AYRES 1984, S. 54). Mit dieser neurophysiologischen Konzeption wird eine neue Orientierung hinsichtlich Entwicklung, Lernen und Verhalten eröffnet, wobei auch hier auf die Gefahr der Einengung der Gegenstandsbetrachtung hinzuweisen ist (vgl. KEMMLER 1988).

In Anlehnung an diese Modellvorstellung von AYRES haben BRAND u. a. (1986) in ihrer Förderkonzeption die Bewegung als Organisator von Wahrnehmungsprozessen herausgearbeitet. Da in jedem Moment unseres Lebens eine Flut taktiler, vestibulärer, kinästhetischer, somatosensorischer, olfaktorischer, akustischer und visueller Reize über die sensorischen Systeme in unserem ZNS aufgenommen werden, besteht die Hauptaufgabe des Gehirns „in der Übersetzung des sensorischen Impulses in bedeutungsvolle Informationen und in der Organisation einer angemessenen Reaktion" (AYRES 1979, S. 161). Gelingt dieser komplexe Integrationsvorgang, so ist das Gehirn in der Lage, eine passende motorische Reaktion zu organisieren. In diesem Kreislauf bilden Wahrnehmung und Bewegung eine Einheit:

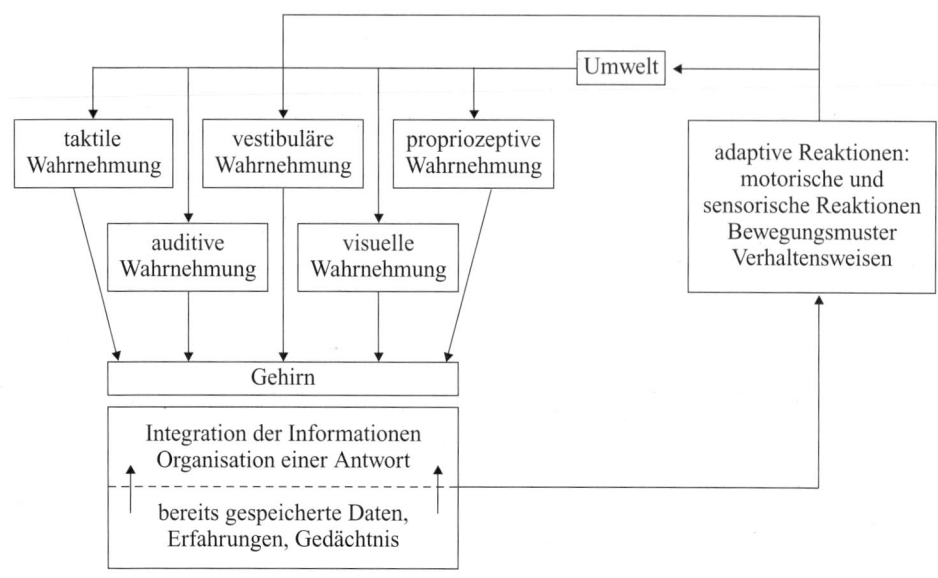

Kreislauf: Wahrnehmung – Bewegung nach BRAND u. a. (1986)

Als drittes Beispiel stellen SCHMIDT/SCHNEIDER (1988) ein hypothetisches Modell zerebraler Funktionen vor, das auf den Überlegungen von LURIA (1970) basiert und im deutschen Sprachraum von dem Tübinger Neuropsychologen GRAICHEN (1979) verbreitet wurde:

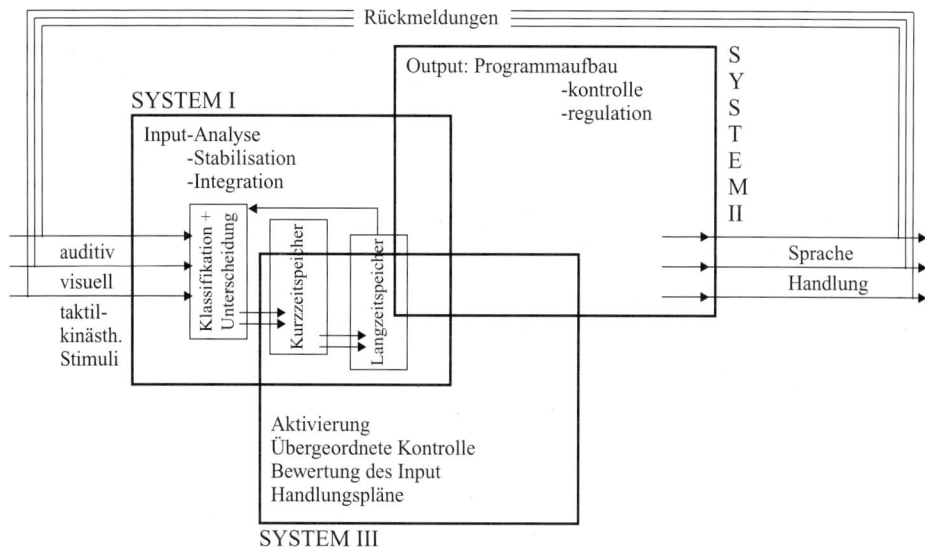

Neuropsychologisches Modell kognitiver Funktionen nach SCHMIDT/
SCHNEIDER (1988)

Dieses Modell unterscheidet drei Funktionsebenen: Das System I, das als Input-System bezeichnet wird, übernimmt die Funktionen der Aufnahme, Analyse und Speicherung von Informationen, d. h. es umfasst die gesamte Wahrnehmung, das Sprachverständnis und das Gedächtnis. Das System II, das auch als Output-System bezeichnet wird, erfüllt die Funktionen des Aufbaus, der Kontrolle und der Regulation von Handlungsprogrammen. Dabei greift dieses System II auf Erfahrungen und Speicherinhalte des Systems I zurück. Aufgrund der dort gespeicherten Informationen werden die Tätigkeiten des Organismus gesteuert. Diese können grob in sprachliche und nichtsprachliche Tätigkeiten untergliedert werden. Das System III dient nun der Aktivierung des Gesamtsystems, der übergeordneten Kontrolle der ablaufenden Prozesse, der Interpretation und der Planung von Aktivitäten. In diesem System spielen auch emotionale und motivationale Faktoren eine wichtige Rolle. Dieses dritte System versetzt den Organismus in die Lage, eintreffende Signale und Impulse in der Reihenfolge ihrer Wichtigkeit einzuordnen und die gesamte Handlungsplanung zu steuern. Handlungen und Aktivitäten werden je nach Bedeutsamkeit mit unterschiedlicher Intensität durchgeführt.

Insgesamt betrachtet ist davon auszugehen, dass diese drei hypothetischen Systeme in engster Wechselwirkung miteinander stehen und deshalb vielfältigen Störungen und Auffälligkeiten (vgl. folgendes Kapitel) unterworfen sein können. Jedoch ist der aktuelle Forschungsstand auf diesem Gebiet noch sehr dürftig und unvollkommen. Das hier dargestellte Funktionsmodell lässt daher nur Vermutungen über das Zusammenwirken verschiedener Funktionen zu, die das Verhalten steuern.

Die drei vorgestellten Modelle zum Wahrnehmungsvorgang, zur Konzeption der Sensorischen Integration und zum Zusammenwirken psychischer Funktionen erlauben uns einen vorsichtigen Einblick in die diffizilen Vorgänge der menschlichen Wahrnehmung aus entwicklungspsychologischer und neuropsychologischer Sicht. Der Lehrer soll aufgrund seiner Kenntnisse darüber in der Lage sein, Ursachen und Erscheinungsformen besser verstehen und erklären zu können. Darüber hinaus sollen diese theoretischen Überlegungen dem Lehrer dabei helfen, sein pädagogisches Handeln im Bereich der Wahrnehmungsförderung kritisch hinterfragen und gegenüber Kollegen und Eltern fachlich begründen zu können.

Erscheinungsformen

Bei der täglichen Arbeit fällt dem Grundschullehrer immer wieder auf, dass es nicht einfach ist, eine exakte und umfassende Beschreibung wahrnehmungsauffälliger Kinder zu liefern. Zum einen ist es schwierig, die Auffälligkeiten, Defizite, Rückstände oder Unzulänglichkeiten in passende Worte zu kleiden, d. h. so, dass sie Kollegen, Erzieher und Eltern eindeutig verstehen und es nicht zu Missverständnissen kommt. Zum anderen können wir das Dickicht vielfältiger Störungsbilder und Entwicklungsabweichungen im Bereich der Wahrnehmung oft kaum entwirren, zusammenfassen oder einordnen. In der kindlichen Entwicklung sind die einzelnen Wahrnehmungsbereiche und Sinnessysteme dicht miteinander verknüpft und stehen permanent in enger Wechselwirkung. Das Kind gewinnt seine Informationen über die Welt durch Sehen, Hören, Riechen, Schmecken und Fühlen. „Diese fünf Wahrnehmungssysteme greifen ineinander über, sie schließen sich gegenseitig nicht aus" (GIBSON 1973, S. 21). So konstruiert das Kind sein Bild über die Wirklichkeit unserer Welt durch die einzelnen Sinnesorgane – isoliert und miteinander verflochten. Trotz der hohen Komplexität dieses funktionellen Systems werden in diesem Kapitel die wesentlichen Formen der menschlichen Wahrnehmung formal separat vorgestellt und erläutert. Hier gilt es, insbesondere die naive und alltägliche Vorstellung über die Wahrnehmung bzw. die einzelnen Wahrnehmungssysteme durch eine sachliche Darstellung zu revidieren bzw. zu ergänzen. Es wird zudem bei allen Erscheinungsformen (Sehen, Hören und Tasten/Fühlen) der Versuch unternommen, die biologisch-organische Ebene (= periphere Ebene) von der zerebralen Ebene (= zentrale Ebene) zumindest formal zu unterscheiden, auch wenn das nicht immer so eindeutig gelingen wird.

Auffälligkeiten beim Sehen

Die meisten Sinneseindrücke unserer Umwelt – ca. 75 % – erhalten wir heutzutage über das visuelle System, wobei das Organ zur peripheren Reizaufnahme visueller Eindrücke das Auge ist (vgl. LEYENDECKER 1988, THIESEN 1996). Eine Umfrage des Emnid-Instituts in Bielefeld, welcher Sinn für uns Menschen der wichtigste ist, ergab, dass 87 % aller befragten Personen den Sehsinn nannten. Die Flut der Arbeitsblätter und der Einsatz zahlreicher visueller Medien in den Schulen sind Anzeichen für die Dominanz des Sehsinnes. Die visuelle Wahrnehmung beinhaltet aber nicht nur die Aufnahme von Lichtsignalen durch die Augen, sondern insbesondere deren Aufnahme, Speicherung, Verarbeitung und subjektive Interpretation durch das Gehirn. Die Vielzahl der elektronischen Medien führt heutzutage zu einer permanenten Dauerberieselung mit optischen Signalen und überschüttet geradezu das kindliche Wahrnehmungssystem mit optischen Reizen. Die schnelle Bildabfolge z. B. im Fernsehen führt bekannterweise dazu, dass nicht alle einlaufenden visuellen Eindrücke auch verarbeitet werden können. Manche Informationen werden unvollständig, verzerrt oder auch gar nicht wahrgenommen. Die Kinder werden durch die Überdosis an visueller Reizung psychisch und geistig überfordert, sie werden nervös, aggressiv, konzentrationsschwach und hyperaktiv. Die Augen bzw. die visuelle Wahrnehmung können daher auf vielfältige Weise beeinträchtigt werden (vgl. LEYENDECKER 1988).

Bei der folgenden Darstellung der Erscheinungsformen möchte ich die Unterscheidung in periphere Beeinträchtigungen und zentrale Auffälligkeiten vornehmen: Periphere visuelle Beeinträchtigungen betreffen die anatomisch-physiologischen oder biologischen Gegebenheiten, also das Organ Auge; in diesem Bereich ist daher auch stärker der Fachmediziner gefordert.

Zentrale visuelle Wahrnehmungsauffälligkeiten konzentrieren sich eher auf das neurophysiologisch-zerebrale Geschehen, also auf die Verarbeitung, Speicherung und subjektive Interpretation des Gesehenen, das visuelle Wahrnehmungserlebnis durch das Gehirn; hier sind eher Psychologen und Pädagogen gefordert.

Natürlich bezieht sich diese Trennung rein auf die formale Betrachtungsebene, weil dadurch die komplexe Problematik von Diagnose und Förderung für den Leser besser aufbereitet werden kann.

Periphere visuelle Wahrnehmungsauffälligkeiten
Beeinträchtigungen des Sehorgans, wie z. B. eine Kurz- oder Weitsichtigkeit können durch Brillen kompensiert werden. Andere Beeinträchtigungen der Augen, wie Hornhautverkrümmungen, Vernarbungen der Netzhaut, Störungen des Sehnervs oder gar Einschränkungen des Gesichtsfeldes können durch Brillen nicht korrigiert werden. Auch schwerwiegende, komplexe und umfängliche Schädigungen der Augen können durch Brillen nicht behoben werden. In Anlehnung an LEYENDECKER (1988) sind folgende Erscheinungsformen zu nennen: krankhafte Veränderungen der Netzhaut, Pigmentmangel oder -degenerationen, Brechungsanomalien, verschiedene inselförmige Gesichtsfeldverzerrungen, herabgesetzte Sehschärfe durch Augenzittern (Nystagmus).

Zentrale visuelle Wahrnehmungsauffälligkeiten
Diese Auffälligkeiten treten bei Kindern auch dann auf, wenn das intakte Funktionieren der Augen durch den Augenarzt bestätigt worden ist, und sie bereiten dem Grundschullehrer gerade deshalb erhebliche Probleme, weil er sich die Lernschwierigkeiten bei dem betroffenen Kind aufgrund der Funktionstüchtigkeit der zuständigen Organe überhaupt nicht erklären kann. In Anlehnung an die bekannte

Konzeption von FROSTIG/HORNE/MILLER „The Developmental Program in Visual Perception" (1966) möchte ich fünf Auffälligkeiten beschreiben (vgl. hierzu die deutsche Übersetzung von REINARTZ/REINARTZ 1972):

- Auffälligkeiten der visuomotorischen Koordination
  Die Kinder sind nicht in der Lage, das Sehen mit den einzelnen Bewegungen des gesamten Körpers – insbesondere mit den Armen, Händen und Fingern – zu koordinieren, d. h. in einen harmonischen Einklang zu bringen. Diese Kinder haben Schwierigkeiten dabei, in die geforderte Richtung zu schreiben, sie können nicht immer in die vorgesehene Heftzeile schreiben oder einen Punkt mit einem anderen Punkt verbinden. Sie haben auch damit Probleme, ein bestimmtes Wort in einem Text oder die richtige Lesezeile zu finden.

- Auffälligkeiten der Figur-Grund-Wahrnehmung
  Die Kinder können ihre Aufmerksamkeit nicht auf ganz bestimmte Gegenstände, Figuren oder Symbole, wie z. B. Wörter oder Buchstaben, lenken. Diese ausgewählten visuellen Reize bilden die Figur im visuellen Wahrnehmungsfeld, während alle anderen einströmenden Stimuli den nur ungenau wahrgenommenen Grund bilden. Ein Erstklässler konzentriert sich auf den neu gelernten Buchstaben B, alle anderen Buchstaben treten in den Hintergrund und werden nur unscharf wahrgenommen. Die Figur ist also der Teil des Wahrnehmungsfeldes, auf den sich die Aufmerksamkeit richtet und zentriert, alles andere wird zum Grund. Ein Grundschüler mit einer unzureichenden Figur-Grund-Wahrnehmung erscheint im Unterricht unaufmerksam und zeigt ein unorganisiertes Verhalten, da er dazu neigt, seine Aufmerksamkeit auf alle Reize gleichermaßen zu lenken. Dieses Kind hat große Probleme beim Lesen, da es z. B. eine bestimmte Stelle im Text nicht finden kann oder auch ganze Absätze überspringt. Außerdem verliert es immer wieder die Lesezeile.

- Auffälligkeiten in der Wahrnehmungskonstanz
  Diese Kinder sind nicht in der Lage, bestimmte Merkmale eines Gegenstandes, wie seine Form, Lage oder Größe, je nach Blickwinkel und Lichtverhältnissen unverändert wahrzunehmen. So wird ein auffälliges Kind einen Würfel unter schrägem Blickwinkel nicht mehr als Würfel erkennen, weil das Netzhautbild von dem eines von vorn gesehenen Würfels erheblich abweicht. Weitere Aspekte, unter denen ein Gegenstand als konstant visuell wahrgenommen werden kann, sind Größe, Helligkeit und Farbe. Manche Kinder sind daher beim Lesen und Schreiben auf übergroße Buchstaben, auf bunte Farben an der Tafel oder im Heft, auf hellen oder dunklen Hintergrund und bestimmte Beleuchtungsverhältnisse angewiesen. Diese Kinder können bereits bekannte Wörter oder Zahlen nur erkennen, wenn sie auch in bekannter Form dargeboten werden. Sobald z. B. eine andere Schriftart oder Farbe gewählt wird, können diese Kinder die Wörter oder Zahlen nicht mehr lesen.

- Auffälligkeiten in der Raumlage-Beziehung

  Kinder mit diesen Auffälligkeiten können die sie umgebenden Gegenstände nicht als vor, hinter, über, unter oder neben sich wahrnehmen. Sie erleben ihre visuelle Welt verzerrt. Gegenstände im Klassenraum, wie z. B. Tafel, Stühle, Bücher oder Buchstaben, sehen sie nicht in der richtigen Beziehung zu ihrer Person. Sie haben darüber hinaus auch Schwierigkeiten damit, Wörter zu verstehen, die die Raumlage-Beziehung sprachlich angeben, wie z. B. innen, außen, links, rechts, unten, oben usw. Sie sehen die Buchstaben und Wörter verzerrt und so kommt es zu Verwechslungen und Vertauschungen: b wird als d und p als q wahrgenommen. Ebenso werden Zahlen vertauscht: z. B. 6 und 9 sowie die Ziffernreihenfolge bei mehrstelligen Zahlen, z. B. 576 statt 567. Diese Verwechslungen treten sowohl beim Lesen als auch beim Schreiben auf.

- Auffälligkeiten bei räumlichen Beziehungen

  Kinder mit diesen Auffälligkeiten sind nicht fähig, Lage und Position von mehreren Gegenständen einerseits in Bezug zu ihrer Person und andererseits in Bezug zueinander wahrzunehmen. Ein Kind, das Buntstifte in eine Plastikschachtel einsortiert, muss die Lage der Schachtel und der Buntstifte zu sich selbst wahrnehmen, aber auch die Lage des Stiftes und der Schachtel zueinander registrieren. Diese visuelle Fähigkeit der Wahrnehmung von Beziehungen entwickelt sich relativ spät und ist bei vielen wahrnehmungsauffälligen Kindern im Grundschulalter noch nicht vorhanden. Die Kinder haben z. B. Schwierigkeiten dabei, vorgegebene Muster nachzulegen oder bestimmte geometrische Körper zu erkennen und zu unterscheiden. Im Gegensatz zur Figur-Grund-Wahrnehmung, bei der das visuelle Feld in zwei Bereiche aufgeteilt wird (Figur und Grund), muss bei der Wahrnehmung räumlicher Beziehungen jede beliebige Anzahl von Teilen in Bezug zueinander gesehen werden und alle Teile verlangen gleich viel Aufmerksamkeit und Konzentration. Das Kind muss nicht nur zwei Buchstaben wahrnehmen, sondern alle Buchstaben eines Wortes, und zwar in der richtigen Position und Reihenfolge. Beim Erlesen von ganzen Wörtern wird die Reihenfolge der Buchstaben dann verwechselt. So wird z. B. „Bnad" statt „Band" gelesen. Außerdem sind die Kinder nicht in der Lage, auf den vorgegebenen Linien zu schreiben.

Kinder mit den genannten visuellen Wahrnehmungsstörungen haben – wie oben beschrieben – erhebliche Probleme damit, Gegenstände, Figuren, Symbole, Buchstaben und Zahlen sowie ihre räumlichen Beziehungen zueinander wahrzunehmen. Da diese Kinder die häusliche und schulische Umwelt nur verzerrt und unvollständig wahrnehmen, erscheinen sie auch vom Verhalten her oft unbeholfen, tolpatschig und ungeschickt beim Malen, Ausschneiden und Basteln und insbesondere bei Sport und Spiel. Die verzerrte Aufnahme der Umwelt führt dann auch zu falschen Interpretationen beim Lernen, speziell beim Lesen, Rechnen und Schreiben. Die betroffenen Kinder haben bei einfachen Aufgaben wie dem Abschreiben von der Tafel schon erhebliche Probleme. Ein solches Kind ist nicht in der Lage, die visuellen Symbole, die auf der Tafel vertikal dargestellt sind, in die horizontale Lage des Heftes zu übertragen oder aber es verliert die entsprechende Stelle, wenn es einen kleinen Text von der Tafel oder aus einem Buch abschreiben soll. Es ist jedoch falsch – und davor will der Verfasser ausdrücklich warnen – alle Lernschwierigkeiten mit visuellen Wahrnehmungsauffälligkeiten zu erklären. Ein solch linear-kausales Denken ist keinesfalls gerechtfertigt, da die Komplexität der Auffälligkeiten, Schwierigkeiten und Störungen ein ganzheitliches Vorgehen sowohl in der Erkennung der Schwierigkeiten als auch in der Förderung dringend notwendig macht.

Auffälligkeiten beim Hören

Neben den Augen erhalten die Ohren unter den sogenannten Fernsinnen des Menschen eine immer größere Bedeutsamkeit in der Wahrnehmung. Das Ohr selbst wird als das komplizierteste Sinnesorgan des Menschen bezeichnet und ist noch differenzierter aufgebaut als das Auge. Das Komplizierte an diesem Organ ist seine ausgefeilte Schalldruckmechanik, denn alles, was wir hören, die Musik aus dem Radio, die Talk-Show im Fernsehen, den Lärm auf den Straßen, die Unruhe im Unterricht, sind Schallwellen, die von einer Schallquelle ausgehen und die Luft zum Schwingen bringen. Das Hören ist also zunächst nicht mehr als das Wahrnehmen dieser Schallwellen. Treffen die Schallwellen auf das menschliche Ohr, so werden sie durch den Gehörgang zum Trommelfell geleitet, das nun zu schwingen beginnt. Diese Schwingungen werden durch die Gehörknöchelchen Hammer, Amboss und Steigbügel noch verstärkt. Im Innenohr werden die Schallwellen dann in elektrische Nervensignale umgewandelt und zum Gehirn weitergeleitet. Bis zu dieser Stelle sprechen wir von peripheren auditiven Wahrnehmungsbeeinträchtigungen und Hörbehinderungen. Die Weiterleitung, Speicherung und Interpretation dieser Reize im Gehirn bezeichnen wir danach als zentrale auditive Wahrnehmung. Man könnte also auch vereinfacht sagen, wir hören nicht mit den Ohren, sondern mit dem Gehirn. Das auditive Wahrnehmungssystem im Gehirn führt dazu, dass wir Töne, Klänge, Geräusche und Sprache wahrnehmen, speichern und interpretieren, d. h. verstehen. Dieses System hat für die Entwicklung der menschlichen Kommunikation eine fundamentale Bedeutung, und zwar nicht nur für die gesprochene Sprache, sondern in gleichem Maße für die geschriebene Sprache, was leider bis zum heutigen Tag in den Schulen immer noch unterschätzt wird.
Analog zu der Unterscheidung bei den visuellen Wahrnehmungsauffälligkeiten nehmen wir auch bei der Darstellung der auditiven Erscheinungsformen eine Trennung vor in periphere Beeinträchtigungen (anatomisch-physiologisch-biologische Ebene), die das Organ Ohr betreffen und daher mehr in den Aufgabenbereich des Fachmediziners fallen, und in zentrale Wahrnehmungsauffälligkeiten (neurophysiologisch-zerebrale Ebene), welche die zerebrale Speicherung, Verar-

beitung und Interpretation des Gehörten in den Mittelpunkt rücken und daher mehr den Pädagogen oder Psychologen fordern.

Periphere auditive Wahrnehmungsbeeinträchtigungen
Unter anatomisch-physiologischem Blickwinkel können wir folgende Typen von Hörbeeinträchtigung unterscheiden (vgl. LEYENDECKER 1988):

- Schallleitungsschwerhörigkeit
  Bei einer solchen Störung ist die Zuleitung der Schallwellen zum eigentlichen Hörorgan erschwert. Eine Schallleitungsschwerhörigkeit hat daher ihren Sitz an der Ohrmuschel, im äußeren Gehörgang, Trommelfell oder Mittelohr. Im äußeren Ohr kann es sich um einen missgebildeten Gehörgang handeln; im mittleren Ohr können Entzündungsherde, krankhafte Veränderungen der Gehörknöchelchen oder ein fehlender Druckausgleich durch den Tubenverschluss die mechanische Schallleitung beeinträchtigen. Im Innenohr kann die Schwingungsunfähigkeit der Membrane als Ursache für eine Schallleitungsschwerhörigkeit in Betracht kommen. Bei Kindern mit häufigen und lang dauernden Erkältungskrankheiten und Infektionen, insbesondere Mittelohrentzündungen, besteht die Gefahr von temporären Hörverlusten. Wir alle leiden vorübergehend unter solchen Beeinträchtigungen, wenn wir z. B. stark erkältet sind: Bei starken Hals-, Nasen- oder Rachenerkältungen kann es zu einem Verschluss der Tube kommen; somit fehlt der notwendige Druckausgleich und dadurch wird die mechanische Schallzuleitung erheblich gestört. Die gesprochene Sprache wird dann zwar mit unverminderter Tonqualität, jedoch gedämpfter wahrgenommen. Manchmal kommen dann auch noch sogenannte Reizgeräusche wie z. B. das bekannte Ohrensausen hinzu.

- Schallempfindungsschwerhörigkeit
  Bei dieser Beeinträchtigung sind die Umwandlung der mechanischen Schallreize in nervöse Impulse – dies wird durch die Sinneszellen im Innenohr erreicht – und/oder die Weiterleitung in den entsprechenden Nervenbahnen zu den Hörzentren des Gehirns in Mitleidenschaft gezogen. Diese Behinderung, bei der zentrale Anteile des Gehirns beschädigt sind, ist weitaus schwerwiegender als die Schallleitungsschwerhörigkeit. Ein Kind mit einer Schallempfindungsschwerhörigkeit hört nicht nur schwächer, sondern auch anders, verzerrter. Geräusche, Sprache und Musik werden in ihren jeweils spezifischen Klangqualitäten entstellt, wodurch die zerebrale Kodierung und Weiterleitung der Reizmuster gestört und das Hören von Sprache erheblich erschwert wird.

- Lärmschwerhörigkeit
  Diese Hörbeeinträchtigung tritt meistens als Folge wiederholter und lang andauernder sehr starker Schalleinwirkung auf. Hierunter leiden Menschen, die unter extremer Schalleinwirkung (Lärm in Diskotheken, am Arbeitsplatz, im eigenen Zimmer) arbeiten, lernen, sich „erholen" oder die der Einwirkung ganz plötzlich auftretender großer Schalldruckwellen (Explosionen, Düsenflug-

zeuge, Presslufthammer) ausgesetzt sind. Bei solch extremen Schalleinwirkungen auf das Ohr werden nach und nach die feinen Härchen der Sinneszellen im Hörorgan, dem Cortischen Organ im Innenohr, zerstört und es kommt zur Lärmschwerhörigkeit. In den letzten Jahren nimmt diese Hörbeeinträchtigung bei Kindern erheblich zu.

- Einseitige Schwerhörigkeit
  Ein einseitig hörbeeinträchtigtes Kind hört auf einem Ohr völlig normal, während es auf dem anderen Ohr schwerhörig oder gar gehörlos sein kann. Diese Einseitigkeit im Hören führt zu Unsicherheiten in der Lokalisation von Geräuschen, Musik und Sprache und zu Orientierungsproblemen. Insbesondere das Verstehen von gesprochener Sprache in einer unruhigen Umgebung, wie z. B. in einer sehr lauten Klasse, kann große Mühe bereiten. Diese Art der Hörbeeinträchtigung wird oft überhaupt nicht oder aber erst sehr spät erkannt.

Zentrale auditive Wahrnehmungsauffälligkeiten
Auf der mehr neurophysiologischen Ebene sind folgende Erscheinungsformen zu nennen:

- Auditive Lokalisationsschwäche
  Auditive Lokalisation ist die Fähigkeit, die Richtung und Entfernung eines Geräusches festzustellen. Kinder mit Schwierigkeiten bei der auditiven Lokalisation wissen oft nicht, aus welcher Richtung Geräusche, Wörter oder Sätze auf sie einströmen. Sie sind nicht in der Lage, die Geräuschquelle ausfindig zu machen. Dies kann man vergleichen mit der Situation, an einer verkehrsreichen Kreuzung in einer Stadt die genaue Position eines heranbrausenden Kranken- oder Polizeiwagens schnell erkennen zu müssen. Die betroffenen Kinder haben z. B. auch Schwierigkeiten damit, die Sprache des Lehrers zu verstehen, wenn dieser durch die Klasse geht und die Kinder von der Seite oder von hinten anspricht.

- Auditive Diskriminationsschwäche
  Die auditive Diskrimination meint die Fähigkeit, Ähnlichkeiten und Unterschiede zwischen Geräuschen, Tönen, Klängen und Sprachlauten zu erkennen und auseinander zu halten. Die exakte Wahrnehmung und differenzierte Verarbeitung von akustischen Reizen erfordert eine diffizile Unterscheidung der ankommenden Reizmuster. Ein Kind zeigt eine solche Auffälligkeit, wenn es beispielsweise nicht in der Lage ist, ähnlich klingende Geräusche aus seiner Umgebung (Motorrad-, Auto-, Bus-, Zug-, Flugzeuggeräusch), ähnlich klingende Laute innerhalb einer Lautreihe oder in einem Wort (d/g bei Nadel und Nagel, t/k bei Tanne und Kanne) oder ähnlich klingende Konsonantengruppen (dr/kr bei Drachen und krachen) zu unterscheiden.

- Auditive Figur-Grund-Schwäche
  Hierbei fällt es dem Kind schwer, wichtige akustische Geräusche, Wörter oder Sätze als Figur von unwichtigen Nebengeräuschen jeglicher Art zu trennen.

Das unauffällige Kind kann sich beim Diktat auf den angesagten Text des Lehrers konzentrieren (auditive Figur), während alle anderen einströmenden Stimuli in einer unruhigen Klasse einen nur ungenau wahrgenommenen Hintergrund bilden (auditiver Grund). Bei einer gut ausgeprägten Sprachwahrnehmung spielt der Störpegel in einem Klassenraum nicht die entscheidende Rolle, sondern das Verhältnis zwischen der Lautstärke des Lehrers (Nutzschall) und der Lautstärke des Lärmpegels (Störschall). Dieses Nutzschall-Störschall-Verhältnis verschlechtert sich mit zunehmender Entfernung, weil der Störschall in unmittelbarer Nähe des Kindes in der Regel gleich laut bleibt. Daher haben Kinder mit einer solchen auditiven Figur-Grund-Schwäche oft Schwierigkeiten damit, Lehreräußerungen korrekt aufzunehmen und zu verstehen. Diese Kinder sind nicht in der Lage, die akustische Figur eines bestimmten Wortes oder Satzes vom lärmenden Hintergrund der Klasse abzuheben.

- Auditive Sequenzschwäche
  Die auditive Sequenz ist die Fähigkeit, alle ankommenden Laute, Wörter und Sätze in der richtigen Reihenfolge zu hören. Manche Kinder hören zwar alle Laute und Wörter korrekt, jedoch nicht in der gesprochenen Reihenfolge. Sie erfassen das Gehörte in einer leicht veränderten Abfolge. Daher bleibt ihnen dann auch die Bedeutung der Wörter unklar und durch Verwechslungen der Laute in einem Wort (Darchen statt Drachen oder Amennarie statt Annemarie) oder der Wörter in einem Satz (Der Zaun springt über den Ball statt Der Ball springt über den Zaun) entstehen Missverständnisse. So werden zudem auch oft die Wörter und Sätze geschrieben. Bei Anweisungen durch den Lehrer kann es ebenfalls vorkommen, dass die Reihenfolge nicht eingehalten wird (Geh zum Pult, bring mir das Buch und mach das Licht an!).

- Auditive Analyseschwäche
  Die auditive Analyse ist die Fähigkeit, die Anzahl der in einem Satz gehörten Wörter, die Zahl der in einem längeren Wort gehörten Silben und die einzelnen Laute in einem Wort zu erkennen. Beim Prozess der Analyse werden aus einem Ganzen (Wort) Einzelteile (Laute) herausgezogen. Viele Kinder wissen bei der Einschulung noch nicht, dass man ein Wort in Teile (Silben, Laute) oder einen Satz in Wörter zerlegen kann. Fragt man z. B. ein Kind mit einer solchen Schwäche, wie viele Wörter der Satz „Hast du gesungen?" hat, so wird es wahrscheinlich „Eins" antworten, da es die drei Wörter als so etwas Ähnliches wie „Hassusungen?" versteht. Diesen Kindern fehlt das Einzellautbewusstsein; sie haben zu Beginn des Leselernprozesses Schwierigkeiten damit, einzelne Laute aus einem Wort herauszuhören. Zum Beispiel können sie das M in Mutter oder das r in Drachen nicht heraushören.

- Auditive Syntheseschwäche
  Die soeben beschriebene Fähigkeit der auditiven Analyse hängt ganz eng zusammen mit der auditiven Synthese. Hierunter ist die Fähigkeit zu verstehen, aus

einzelnen bekannten Lauten oder mehreren Silben ein ganzes Wort zu bilden. Dieser Vorgang setzt beim Kind voraus, dass es das Zielwort als auditive Figur kennt. Den Kindern fällt es oft auch noch in der zweiten Klasse schwer, z. B. die einzelnen Laute k, u, c, h, e, n zu dem Wort Kuchen zusammenzuziehen.

Kinder mit auditiven Wahrnehmungsauffälligkeiten haben bereits im Kindergarten beim Singen, Klatschen, Musizieren und Sprechen und dann natürlich auch im Anfangsunterricht der Grundschule, insbesondere während des gesamten Leselernprozesses, aber auch in den anderen Fächern erhebliche Schwierigkeiten beim Hören, Sprechen, Lesen, Rechnen und Schreiben. Daher darf es nicht verwundern, wenn ein hoher Prozentsatz der Kinder mit einer Leserechtschreibschwäche oder einer Leseschwäche auditive Wahrnehmungsauffälligkeiten zeigt. Diese basalen Auffälligkeiten im auditiven Bereich ziehen also nicht nur eine Beeinträchtigung der Lautsprache, sondern auch der Schriftsprache nach sich. Obgleich im gesamten Entwicklungsprozess des Kindes das auditive System mit allen anderen Wahrnehmungssystemen in engster Wechselwirkung steht, stellen gerade die auditiven Wahrnehmungsfunktionen Brückenfunktionen für die Aneignung der Laut- und Schriftsprache dar.

Auffälligkeiten beim Tasten und Fühlen

Die Haut ist das größte und umfangreichste sensorische Organ des Menschen, da sie den gesamten Körper einhüllt und sozusagen eine Barriere zwischen innen und außen darstellt. Sie ist die Kontakt- und Nahtstelle, die zwischen dem Innenleben des menschlichen Körpers und den Objekten der Umwelt vermittelt. Darüber hinaus ist die Haut auch für das Überleben des Menschen bedeutsamer als alle anderen Wahrnehmungsorgane. Die Haut schützt unseren Körper vor Verletzungen und Strahlungen der Sonne, sie regelt den Wärmehaushalt, sie ist für den Stoffwechsel verantwortlich, ist gleichzeitig Atmungsorgan und somit unser wichtigstes Sinnesorgan überhaupt. MONTAGU (1971) bezeichnet die Haut als das früheste und sensitivste Organ des Kindes, denn über die Haut erfolgt der erste emotionale und soziale Austausch, die erste Kommunikation mit der Mutter. Streicheln und Gestreicheltwerden sind Ausdruck für den sozialen Kontakt und die liebevolle Zuwendung zwischen Menschen. Wie wichtig der Tastsinn für das Neugeborene ist, erkennt man schon daran, dass sein Mund von Geburt an das wichtigste Tastorgan ist. Mit seinem Mund nimmt es Dinge aus der Umwelt in sich auf. Über den Mund hat das Kind den intensivsten Kontakt zur Außenwelt, zu den Menschen und den Dingen. Die Haut wird somit zu einem wichtigen Kommunikationsorgan. MONTAGU (1984) bezeichnet die Haut sogar als die erste Sprachform des Menschen.
Dicht unter der Haut sitzen viele Tastkörperchen, in denen sich empfindliche Nervenzellen befinden. Bei der Berührung der Haut erzeugen sie ein elektrisches Signal, das über die Nervenbahnen zum Gehirn geleitet wird. Dort wird dem Kind

bewusst, dass es eine Berührung spürt. Das Gehirn erkennt auch sofort, wie stark die Berührung ist und von welcher Stelle der Haut das Signal kommt. Da sich die meisten Tastkörperchen in den Händen, an den Fingerkuppen und den Fußsohlen befinden, ist man an diesen Körperstellen auch besonders empfindlich. Unter taktiler Wahrnehmung versteht man den gesamten Bereich der Oberflächensensibilität der Haut. Unter der Haut befinden sich die Rezeptoren für Druck und Berührung, für Temperatur und Schmerz (vgl. LEYENDECKER 1988). Der Tastsinn dient dem Kind als Hilfe zur Orientierung in seinem Lebensraum und somit auch in der Schule. Er ist überall dort bedeutsam, wo es auf Geschicklichkeit der Körperbewegungen und der Bewegungskoordination ankommt. In der Schule sind im Anfangsunterricht natürlich auch die Hand- und Fingergeschicklichkeit wichtig, wenn man an das Malen, Ausschneiden, Basteln, Kleben, Schreiben und Rechnen denkt.

Neben der Wahrnehmung über die Haut hat der menschliche Körper auch die Möglichkeit und Fähigkeit, Informationen über den eigenen körperlichen Zustand einzuholen (kinästhetische Wahrnehmung). Außer dem Gleichgewichtsorgan spielt der Bewegungs- und Muskelsinn eine wichtige Rolle in diesem Wahrnehmungssektor. Er informiert uns ständig über Raum-, Zeit- und Druckverhältnisse des Körpers. So gehört z. B. die Bewegung zu den elementaren Erfahrungen und Wahrnehmungen des Kindes, da durch die Bewegung geistige Handlungen erweitert werden. Für die Bewegung stehen uns zwei wichtige Systeme zur Verfügung: Da sind zum einen die Lagerezeptoren im Innenohr, die uns die geringsten Veränderungen des Körpers mitteilen, und zum anderen die Muskelrezeptoren, die uns permanent Signale über die Körperbewegungen, die Spannungsverhältnisse der Muskeln und das notwendige Maß an Kraft- und Energieaufwand mitteilen. Die Rezeptoren befinden sich in den Gelenken, Muskeln, Sehnen und im Gleichgewichtsorgan. Diese beiden Systeme arbeiten sehr eng mit allen anderen Wahrnehmungssystemen zusammen; eine besonders enge Kooperation besteht mit dem Tastsinn. Beim Grundschulkind werden nun einige Fähigkeiten in diesem Wahrnehmungsfeld vorausgesetzt, wie z. B. die zunehmende Körperbeherrschung und das Gleichgewicht. Links und rechts, oben und unten, vorne und hinten werden als wichtige Koordinaten ständig vom Gleichgewichtsorgan kontrolliert und notfalls korrigiert. Normal entwickelte Kinder und wir Erwachsenen vergessen zu leicht, dass die Grundlage unserer Gefühle, unserer Ausdrucksformen und unserer Handlungsmöglichkeiten in körperlichen, hautnahen taktilen und kinästhetischen Empfindungen ruht (vgl. LEYENDECKER 1988). Wir erleben dies kaum noch als Wahrnehmungsempfindung, weil diese zu automatisierten Wahrnehmungsabläufen geworden sind und nicht den Schwerpunkt unserer Wahrnehmung ausmachen. Darin ist auch der Grund zu sehen, warum diesem Wahrnehmungsbereich bisher ein relativ geringer Stellenwert beigemessen wurde. Gerade bei Überlegungen zu schulrelevanten Auffälligkeiten der Wahrnehmung wird diese Problematik selten erwähnt. Wegen der recht dürftigen Forschungslage in diesem Bereich kann daher an dieser Stelle nur kurz auf mögliche Erscheinungsformen in Anlehnung an

LEYENDECKER (1988) eingegangen werden, was aber ganz gewiss ihrer eigentlichen Bedeutung nicht gerecht wird.

Auffälligkeiten bei Berührungsempfindungen
Hierbei handelt es sich um Schwierigkeiten dabei, verschiedene Berührungspunkte auf der Haut zu erkennen, die Berührungsstelle anzugeben und verschiedene Stellen zu unterscheiden. Die Betroffenen haben auch Probleme damit, Gegenstände aus der Umwelt durch reines Abtasten der Form zu erkennen.

Auffälligkeiten bei Tast- und Bewegungsempfindungen
Diese Schwierigkeiten treten vornehmlich bei feinmotorischen Anforderungen auf, wie z. B. beim Zeichnen, Nachmalen, Ausschneiden, Schreiben, bei Fingerspielen, aber auch beim artikulierten Sprechen, wofür die Sprechorgane Lippen, Zunge und Zähne gebraucht werden.

Auffälligkeiten bei Empfindungen der Muskelspannung und Gelenkstellung
Manche Grundschulkinder sind nicht in der Lage, ihre grobmotorische Koordination und das Gleichgewicht zu beherrschen. Sie zeigen Unsicherheiten, Tolpatschigkeiten und Hilflosigkeit z. B. beim Treppensteigen vorwärts und insbesondere rückwärts, beim Balancieren über einen Balken, beim Stehen auf einem Bein oder auch beim einbeinigen Hüpfen im Sportunterricht.

Spastische Lähmungen
Die Betroffenen sitzen zwar nicht im Rollstuhl, aber sie haben augenfällige motorisch bedingte Funktionsschwächen. Sie haben Haltungsfehler im Brust- oder Rückenbereich oder überhöhte Muskeltonusverhältnisse. Da ihre Willkürmotorik oft gestört ist, zeigen sie auch ein verändertes Tast- und Bewegungsempfinden. Insbesondere sind Störungen der Raumlage-Wahrnehmung festzustellen.

Zerebrale Bewegungsstörungen
Hierbei fällt die schlaffe und unausgeglichene Muskelspannung bei bestimmten Bewegungen auf. Es kommt zu Störungen der unwillkürlichen Motorik, wie z. B. plötzlich einschießende Bewegungen, die nicht vorhersehbar sind, sowie auffallende Störungen des Gleichgewichts. Auch bei diesen Kindern sind Tast- und Bewegungsempfinden sowie die Raumlage-Wahrnehmung beeinträchtigt.

Dyspraktische Störungen
Kinder mit dyspraktischen Störungen können trotz intakter organischer Funktionen bestimmte Bewegungsabfolgen nicht oder nur begrenzt ausführen. Die Planung der Handlungsabfolge, wie z. B. das Abschreiben eines Textes von der Tafel, ist gestört. Diese Kinder wissen durchaus, was sie ausführen sollen, können aber die Gesamtplanung und Ausführung nicht vornehmen. Sie haben auch Probleme beim An- und Ausziehen im Sport- oder Schwimmunterricht sowie beim Binden einer Schleife. Ihnen fehlt offenbar ein Wissen über die Verhältnisse der einzelnen Körperteile zueinander und deren Bewegungsmöglichkeiten (vgl. BRAND u. a. 1986). Auf-

grund einer unzureichenden Integration des Gleichgewichts, der Eigenwahrnehmung und der taktilen Funktionen wird die Entwicklung der Vorstellung über den eigenen Körper erschwert und blockiert. Daher können bestimmte Bewegungen auch nur wenig flexibel ausgeführt werden. Ein Kind, das nur diffuse Informationen der Haut-, Muskel- und Gelenkrezeptoren über die Lage, Anzahl und Größe seiner Hand und Finger erhält, wird Probleme mit der Stifthaltung haben, welche ein kompliziertes Zusammenspiel vieler differenzierter Einzelbewegungen der Finger darstellt (vgl. AYRES 1979 und BRAND u. a. 1986). Diese Kinder fallen im Anfangsunterricht auf durch verlangsamte Bewegungen und durch Probleme beim Aus- und Anziehen, Ausschneiden, Kneten, Malen, Kleben und Schreiben.

Kindern mit taktil-kinästhetischen Wahrnehmungsauffälligkeiten ist gemeinsam, dass sie in einem Wahrnehmungsbereich Beeinträchtigungen haben, die zu weitreichenden Konsequenzen für die gesamte Bewegungskoordination, die Gleichgewichtsreaktion, die Feinabstufung der Bewegungen und die Raumwahrnehmung führen. Die Nähe zu motorischen Störungen und Auffälligkeiten, insbesondere zu Beeinträchtigungen der Feinmotorik, erschwert die Beschreibung der Erscheinungsformen erheblich. Bei Auffälligkeiten im Bereich Tasten und Fühlen müssen daher auch Bewegungsstörungen der Hand und der Finger angesprochen werden. Kinder mit feinmotorischen Auffälligkeiten versagen bei Bewegungsaufgaben, welche Geschicklichkeit abverlangen. Vor allem der Krafteinsatz, die Bewegungsgeschwindigkeit und die Richtungsorientierung erfolgen unpräzise. Das Verhalten bei solchen Auffälligkeiten wird oft als Tolpatschigkeit und Ungeschicklichkeit interpretiert oder in vielen Fällen überhaupt nicht erkannt. Lässt man diese Kinder balancieren, so fällt eine deutliche Gleichgewichtsunsicherheit auf. Der Mangel an Feinabstimmung und Koordination bezieht sich insbesondere auf die Finger. Isolierte Feinbewegungen der Finger, wie z. B. einen Bleistift drehen, einen Faden einziehen, Perlen auf eine Kette fädeln o. Ä., können nur unzureichend ausgeführt werden. Vor allem zeigen sich diese Auffälligkeiten beim Schreiben und im Schriftbild. Die Schreibhaltung ist verkrampft und die Bewegung der Finger wird vom Krafteinsatz her nicht angemessen dosiert. Das Schriftbild ist unsauber, die Strichführung unkontrolliert und die Schreibrichtung wird nicht immer eingehalten. Schreibbewegung (Strichführung, Größenverhältnisse), Formschönheit (Schriftduktus) und Raumverteilung (Zeilenrichtung, Abstand) sind also besonders betroffen (vgl. LEYENDECKER/KALLENBACH 1988).

An dieser Stelle muss noch einmal sehr eindringlich darauf hingewiesen werden, dass Auffälligkeiten beim Tasten und Fühlen in enger Verbindung zu den visuellen und auditiven Wahrnehmungsauffälligkeiten stehen, insbesondere auch deshalb, weil viele visuelle Fähigkeiten und Leistungen taktile oder kinästhetische Wahrnehmungen beinhalten. So konnte AFFOLTER (1975) beobachten, dass sich Defizite und Mängel im taktilen Bereich auch negativ auf die Entwicklung kognitiv-symbolischer Prozesse auswirken.

Diagnostische Möglichkeiten

Eine gezielte pädagogische Förderung in der Grundschule kann sinnvoll erst dann beginnen, wenn der Pädagoge Kenntnisse und Informationen über die spezifischen Voraussetzungen der betroffenen Kinder besitzt. Somit setzt eine Förderung der Wahrnehmungsfähigkeit auch in der Grundschule eine grobdiagnostische Abklärung voraus. Da aber der Grundschullehrer keine entsprechende Ausbildung oder Erfahrung nachweisen kann, wie beispielsweise ein Sonderpädagoge oder ein Psychologe, ist er nicht berechtigt standardisierte Testverfahren zu verwenden. Dennoch kann er – nach einer kurzen Einarbeitung – grob orientierende diagnostische Screenings (Siebverfahren) in der Grundschule einsetzen. Der Grundschullehrer muss sich damit auf den Weg begeben, den schwierigen und auffälligen Schüler besser kennen- und verstehen zu lernen. Und: Er muss seine tägliche pädagogische Förderung kritisch reflektieren und eventuell notwendige Korrekturen vornehmen. Er sollte sich nicht auf die Position zurückziehen, dies sei nun Sache der Eltern. Natürlich kann und darf er in der Grundschule keine psychologischen oder medizinischen Diagnosen über die Wahrnehmungsauffälligkeiten stellen. Darum – und das soll an dieser Stelle sehr deutlich hervorgehoben werden – geht es in diesem Kapitel auch nicht. Als Lehrer hat man jedoch durchaus die Möglichkeit, aus den Verhaltensweisen der Kinder Rückschlüsse auf mögliche Wahrnehmungsauffälligkeiten zu ziehen und vielleicht auch spezielle diagnostische Untersuchungen im Gespräch mit den Eltern in die Wege zu leiten. Ein ausführliches und intensives Gespräch mit den Erziehungsberechtigten ist als Ausgangslage jeglicher weiterer diagnostischer Arbeit zu betrachten. Hier ist ein gezieltes Gespräch erforderlich, bei dem wesentliche entwicklungsrelevante Aspekte angesprochen werden müssen. Zur Strukturierung dieses Gespräches und gleichzeitig zur Orientierung dient der folgende Leitfaden:

Leitfaden für ein Anamnesegespräch

- Hat das Kind seit der Geburt bleibende Schäden oder sind Krankheiten bekannt? (Somatischer Aspekt)

- Sind Sinnesschädigungen (z. B. Hörbehinderung) bekannt? (Periphere Wahrnehmung)

- In welchem Alter lernte das Kind laufen? (Motorischer Aspekt)

- Ist die motorische Entwicklung unauffällig (Treppensteigen, Rückwärtsgehen, Laufen, Hüpfen, Springen)?
  (Motorischer Aspekt)

- Hat das Kind Schwierigkeiten in der Bewegungskoordination und beim Gleichgewicht (Tolpatschigkeiten beim Spielen, Ungeschicklichkeiten beim Klettern)?
  (Vestibulärer Aspekt)

- Welche ist die Muttersprache der Eltern?
  (Bilinguismus)

- Wann hat das Kind die ersten Wörter gesprochen?
  (Sprechbeginn)

- Wie lang dauerte die Phase der Einwortäußerungen?
  (Prädysgrammatische Phase)

- Wie groß war der Wortschatz mit ca. 18 bis 20 Monaten?
  (Lexikalischer Aspekt)

- Spielt und spricht das Kind mit gleichaltrigen Kindern?
  (Interaktionaler Aspekt)

- Behält das Kind kleinere Verse, Reime, Gedichte und kleinere Geschichten?
  (Gedächtnisaspekt)

- Kann das Kind Kinderlieder singen (Hänschen klein, Alle meine Entchen, Fuchs, du hast die Gans gestohlen)?
  (Melodischer und rhythmischer Aspekt)

- Hat das Kind Schwierigkeiten, Laute und Wörter korrekt auszusprechen?
  (Phonologischer Aspekt)

- Wie malt und bastelt das Kind?
  (Feinmotorik und visuelle Wahrnehmung)

- Bestehen Probleme bei Klatsch- und auch Tanzspielen?
  (Rhythmischer Aspekt)

- Ist das Kind durch andere Reize leicht ablenkbar?
  (Aufmerksamkeit und Konzentration)

Der Schwerpunkt der diagnostischen Arbeit des Grundschullehrers liegt nun in der genauen Beobachtung des Kindes. Das folgende Kapitel liefert hierfür Kriterien, indem es für eine erste Einordnung in den jeweiligen Wahrnehmungsbereich Checklisten bietet als auch für weiterführende kanalisierte Beobachtungen exemplarisch einige bewährte Beobachtungs- und Testbögen vorstellt.

Anzeichen für Auffälligkeiten beim Sehen

Checkliste zur Beobachtung im Unterricht

- Bemerkungen des Kindes über Beschwerden, wie z. B. verschwommenes und unscharfes Sehen im Unterricht
- Äußerungen des Kindes über Schwierigkeiten beim Sehen an die Tafel
- Zusammenkneifen der Augen, häufiges Augenreiben, Rötung der Augen, Tränen der Augen
- Unfähigkeit zur Aufnahme von Blickkontakten mit dem Lehrer und den Mitschülern
- Scheinbares Vorbeischauen an einem fixierten Gegenstand
- Ständig verschlafener oder verträumter Blick
- Motorische Auffälligkeiten wie Stolpern, Anstoßen, Danebengreifen, Probleme beim Treppengehen
- Lesen „mit der Nase", d. h. aus zwei bis drei Zentimeter Entfernung
- Schiefe Kopfhaltung beim Sehen und gehäuftes Blinzeln
- Erhöhte Blend- und Lichtempfindlichkeit oder aber auch der Wunsch nach stärkerem Licht am Arbeitsplatz
- Immer wiederkehrende Kopfschmerzen im Unterricht oder auch schnelle Ermüdung bei Aufgaben, die Anforderungen an die Augen stellen
- Kognitiv bzw. intellektuell nicht erklärbare Schwächen und Auffälligkeiten bei Leistungen, bei denen auch Anforderungen an die Augen gestellt werden wie Lesen, Schreiben, Zeichnen usw.

Neben dieser Checkliste zur Beobachtung (in Anlehnung an MERSI 1975 und APPELHANS/KREBS 1984) gibt es gerade im Bereich der visuellen Wahrnehmung den seit vielen Jahren eingesetzten und erprobten FROSTIG-Test. Der Grundschullehrer, der aufgrund seiner Ausbildung keine grundlegenden und spezifischen Testkenntnisse erworben hat, kann diesen Test nach einer gründlichen Einarbeitung und in Kooperation mit Sonderpädagogen oder Schulpsychologen durchaus einsetzen und für seine unterrichtliche Arbeit in der Schule auswerten.

Der FROSTIG-Test

Ein im klinischen und sonderpädagogischen Bereich seit langem bekanntes und vielfach verbreitetes Verfahren zur Feststellung von visuellen Wahrnehmungsauffälligkeiten ist der „Developmental Test of Visual Perception" (FROSTIG/HORNE 1964), der in Deutschland unter dem Titel „Frostig Entwicklungstest der visuellen Wahrnehmung" von LOCKOWANDT (1974) herausgegeben worden ist. Der FROSTIG-Test ist ein Papier-Bleistift-Test und für das Alter von vier bis acht Jahren standardisiert. Er bietet die Möglichkeit einer differenzierten Überprüfung der visuellen Wahrnehmung in fünf Bereichen:

Testbereich 1: Visuomotorische Koordination, d. h. es wird die Fähigkeit überprüft, gerade oder winklige Kurven zwischen Begrenzungen von unterschiedlicher Weite zu führen oder Linien von Punkt zu Punkt ohne Leitlinien zu zeichnen.

Testbereich 2: Figur-Grund-Wahrnehmung, d. h. die Fähigkeit, bestimmte geometrische Figuren vor einem komplex gestalteten Hintergrund optisch zu erkennen und abzuheben, wird untersucht.

Testbereich 3: Wahrnehmungskonstanz, d. h. die Fähigkeit wird getestet, geometrische Figuren, die in verschiedenen Größen, Schattierungen, Anordnungen oder Stellungen gezeichnet sind, zu erkennen und sie von ähnlichen Figuren zu unterscheiden.

Testbereich 4: Wahrnehmung der Raumlage, d. h. die Fähigkeit wird überprüft, Umkehrungen und Verdrehungen von Figuren, die in Reihen dargestellt sind, zu unterscheiden. Hier werden in schematischen Zeichnungen bekannte Objekte wie Bälle oder Kisten dargestellt.

Testbereich 5: Wahrnehmung räumlicher Beziehungen, d. h. die Fähigkeit zur Erfassung und Analyse von einfachen Formen und Mustern wird untersucht. Diese Muster bestehen aus Linien unterschiedlicher Länge und Winkelbildung, die exakt nachgezeichnet werden sollen.

Für jeden dieser fünf Untertests lassen sich gesonderte Rohpunkte, Entwicklungsalter und Wertpunkte bestimmen.

Anzeichen für Auffälligkeiten beim Hören

Checkliste zur Beobachtung im Unterricht (vgl. LEYENDECKER 1988)

- Das Ausbleiben einer erwarteten Antwort oder auch die veränderte Reaktion auf bestimmte Geräusche oder sprachliche Aufforderungen
- Eine äußerst angespannte oder gar verkrampfte Aufmerksamkeitshaltung im Unterricht
- Die sogenannte Horchhaltung, d. h. seitliche Neigung des Kopfes mit zeitweise leicht geöffnetem Mund und möglicherweise hinter das Ohr gehaltener Hand
- Ein in der Klasse umherirrender Blick des Kindes bei der Suche nach der Stimme des Lehrers bzw. des Mitschülers (d. h. es erkennt nicht sofort, aus welcher Richtung der Ruf erfolgt)
- Schwierigkeiten beim Leselernprozess, insbesondere beim akustischen Unterscheiden und beim Aussprechen ähnlicher Laute wie m und n, g und k, d und t
- Probleme beim rhythmisierten Sprechen von Kinderreimen und Versen
- Unpassend lautes und unmelodisches Sprechen beim Aufsagen von Gedichten oder anderen Texten
- Unmusikalisches und falsches Singen einfacher Kinderlieder
- Permanent anhaltende Unaufmerksamkeit und Interesselosigkeit im Unterricht auch bei interessanten Themen und Inhalten
- Schwierigkeiten dabei, einer Geräuschquelle in der Klasse (z. B. einer Trommel) zu folgen

- Schwierigkeiten damit, unterschiedliche Klänge und Geräusche bestimmten Zeichen und Signalen zuzuordnen
- Bei einer lauten Geräuschkulisse halten sich die Kinder die Ohren zu oder reagieren aggressiv und gereizt

Auch diese Checkliste zum Bereich Hören dient als Einstieg in die diagnostische Arbeit des Grundschullehrers und kann sehr wichtige Hinweise für die unterrichtliche und pädagogische Arbeit in der Schule liefern.

Alarmsignale

Eine aufschlussreiche Liste mit Alarmsignalen hinsichtlich möglicher auditiver Wahrnehmungsstörungen (zentrale Fehlhörigkeit) liefert uns CRAMER (1995):

1. Sprachliche Entwicklungsverzögerung/Sprachliche Auffälligkeiten
Verspäteter Sprachbeginn
Undeutliche bzw. falsche Aussprache
Falschbildungen: Winne statt Rinne
Auslassungen von Endlauten: Drache statt Drachen, von Silben: Feuwehr statt Feuerwehr, von Lauten am Anfang eines Wortes: astanie statt Kastanie, von Lauten im Wort: spingen statt springen; isoliert wird der Laut aber korrekt ausgesprochen.
Verwechseln von ähnlich klingenden Lauten: Nagel statt Nadel, statt drei ... b/p ... d/t ... m/n ... er/a ... f/v ...
Verwechseln von langen und kurzen Lauten: den statt denn, ihn statt in, Dysgrammatismus, Stammeln, Poltern
Kleiner Wortschatz
Geringe Sprach- und Gedächtnisleistung
Überprüfung in der Sprachheilambulanz im Vorschulalter, Sprachheilförderung ohne deutliche Verbesserung.

2. Erschwerte Aufnahme, Verarbeitung und Speicherung von gehörter Sprache
Informationen werden oft falsch verstanden. „Warum habe ich eigentlich als Baby im Brotkasten gelegen?" „Ich habe spanische Angst – kommt das, weil wir immer nach Spanien fahren?"
Fehlende, verlangsamte oder falsche Reaktion im Gespräch, im mündlichen Unterricht oder auch bei der Umsetzung von gehörter Sprache in Handlung
Häufiges Nachfragen des Gesagten im Gespräch
Fehlende Mitarbeit im mündlichen Unterricht in der Schule, Träumerei, geistige Abwesenheit
Mehr Anstrengung ist notwendig beim Verständnis von verbalen Aufgaben, beim Zuhören von Geschichten über Kassetten oder Schallplatte. Namen oder Einzelheiten von einer vorgelesenen Geschichte werden schwer verstanden oder nicht behalten.
Probleme bei der Laut- und/oder Buchstabenzuordnung, der Umsetzung der akustischen Signale ins visuomotorische Schriftbild, Durchgliederungsfehler
Verwechslungen und Vertauschungen von Lauten. Verzögerungen, Versagen beim Erlernen des Lesens und Schreibens trotz gezielter Förderung.

3. Geräuschüberempfindlichkeit
Sobald Nebengeräusche hinzukommen oder wenn durcheinander gesprochen wird, sinkt die Hörleistung des zentralfehlhörigen Kindes stark ab.
Manche Kinder werden bei den laut wahrgenommenen Geräuschen immer unruhiger. Die Auswirkungen zeigen sich besonders bei Familienfeiern, beim Kirmesbesuch, beim Kindergeburtstag, auf dem Flughafen.
Sie beschweren sich zu Hause, dass es in der Schule so laut ist. „Die Kinder brüllen in der Schule so laut. Da krieg ich Kopfweh. Das ärgert mich so, dass ich dann ganz wild werde."

4. Konzentrationsprobleme
Leistungsabfall im Laufe des Vormittags in der Schule. Wegen der andauernden Nebengeräusche in der Schule muss sich das zentralfehlhörige Kind sehr stark konzentrieren um den Lehrer zu verstehen. Diese erhöhte Anstrengung kann das Kind nicht den ganzen Vormittag durchhalten. Nach ein bis zwei Stunden tritt häufig eine Ermüdung ein.
Durchschnittliche bis gute Konzentrationsfähigkeit, wenn sie alleine im Raum arbeiten. Sind mehrere Personen anwesend, wenn durcheinander gesprochen wird, so ist die Konzentration wegen der Nebengeräusche erheblich schlechter. Das Kind schreibt zu Hause bessere Diktate als in der Schule.
Schlechtere Leistung bei Lärm durch geöffnetes Fenster.

5. *Fehlendes Richtungshören*
   Beispiel: Mutter ist im Keller und ruft. Kind befindet sich in der ersten Etage.
   Das Kind weiß nicht, wo es die Mutter suchen soll.
   Das zentralfehlhörige Kind kann wegen des gestörten Richtungshörens, sobald durcheinander gesprochen wird, bei Nebengeräuschen oder in halligen Räumen den gehörten Sprachschall nicht einer Richtung zuordnen. Es weiß nicht, woher das Geräusch oder die Sprache kommt und reagiert so zunehmend unruhiger oder sogar aggressiv, nur wenige der betroffenen Kinder ziehen sich zurück.

6. *Schwache akustische Merkfähigkeit*
   Das Behalten von Sprache, aber auch Melodie und Rhythmus ist schwach. Es zeigen sich Unsicherheiten bei Klatsch-, Tanz-, Singspielen.
   Probleme beim Nachsprechen von gehörten Wörtern, Sätzen
   Probleme beim Auswendiglernen, insbesondere bei Reihen wie Einmaleins oder Monatsnamen, beim Erlernen der Fremdsprachen
   Häufiges Nachfragen (Warum? Was?)

7. *Häufige Mittelohrentzündungen/Erkältungskrankheiten in früher Kindheit*

8. *Wiederholte Klagen über Kopfschmerzen*

9. *Gesamtverhalten öfter sehr extrem;* entweder sehr lebhaft, unruhig oder zurückgezogen, schüchtern

10. *Schulprobleme. Fehlende Lernbereitschaft.*

Darüber hinaus gibt es eine Reihe von Beobachtungsmöglichkeiten, die in Schulen und spezifischen Einrichtungen vom jeweiligen Verfasser erprobt wurden:

Beobachtungsbogen nach PFLUGER-JAKOB

Der Beobachtungsbogen nach PFLUGER-JAKOB (1994) soll schwerpunktmäßig im Alter von fünf bis sechs Jahren verwendet werden, d.h. er kann bei der Einschulung oder in der ersten Klasse zum Einsatz kommen. Dieser Bogen konzentriert sich auf zwei Beobachtungsdimensionen: zunächst auf auditive Wahrnehmungsauffälligkeiten allgemein und die Vielfalt ihrer Erscheinungsformen in verschiedenen Entwicklungsbereichen (emotionales Wohlbefinden, Aufmerksamkeit, Ausdauer, Konzentration, Lernen und Sozialverhalten) und weiterhin auf Auswirkungen auditiver Wahrnehmungsauffälligkeiten, insbesondere auf die Entwicklung der kindlichen Sprache. Der Beobachtungsbogen umfasst acht Bereiche: auditive Figur-Grund-Wahrnehmung, Lautdiskrimination, Identifikation von Geräuschquellen, Lokalisation von Geräuschquellen, Bewegungs- und Richtungshören, Erkennen auditiver Signale, Erfassen von Rhythmus, Erbringen serialer Leistungen.

Dieser Beobachtungsbogen, der sich speziell für die Arbeit im Schulkindergarten und in der ersten Grundschulklasse eignet, ist in der Zeitschrift „Kindergarten heute" (Hefte 9 und 10, 1994) zu finden.

Verhaltensbeobachtung nach SEMEL

In dem von FROSTIG/MÜLLER herausgegebenen Buch „Teilleistungsstörungen" (1981) hat SEMEL eine Beobachtungsliste zusammengestellt, die sich in der praktischen Arbeit recht gut bewährt hat:

- Erscheint das Kind aufmerksam?
- Kann es sich über normale Zeitspannen hinweg auf auditive Reize konzentrieren?
- Lässt sich das Kind durch andere (auditive oder visuelle) Reize leicht ablenken?

Aufmerksamkeit

- Dreht das Kind seinen Kopf in die richtige Richtung, wenn man es ruft?
- Kann es gleich die richtige Richtung ausmachen, aus der Gesprochenes und Umweltgeräusche kommen?

Lokalisation

- Kann das Kind einen Geräuschinhalt von einem Hintergrund gleichzeitig auftretender Umweltlaute abheben?
- Kann es einen sprachlichen Sinngehalt auch dann noch verstehen, wenn bestimmte Laute, Wörter oder Ausdrücke in Nebengeräuschen verloren gehen?

Figur/Hintergrund

- Kann das Kind spezifische Laute in Wortpaaren mit minimaler Abweichung (Wörter, die sich nur um ein Phonem unterscheiden, wie z. B. sagt-sägt, Pfand-Pfund) erkennen?
- Kann das Kind Konsonanten und Vokale erkennen und Laute, die am Anfang, in der Mitte oder am Ende eines Wortes stehen, unterscheiden?
- Welche spezifischen Laute kann es nur schwer erkennen? An welcher Stelle im Wort treten sie auf?

Diskrimination

- Kann sich das Kind an eine Reihe von Anweisungen in der gegebenen Reihenfolge erinnern?
- Kann es eine Lautreihe, Zahlen, zusammenhängende oder unzusammenhängende Wörter, Ausdrücke und Sätze in der richtigen Reihenfolge wiedergeben ohne etwas zu verwechseln, auszulassen oder abzuändern?

Erkennen auditiver Sequenzen

- Kann das Kind aus getrennten Phonemelementen Wörter bilden?
- Kann es die Zahl der gehörten Silben in einem Wort erkennen?
- Kann es die Silbenbetonung in Wörtern erkennen?
- Kann es die Beziehung zwischen Wortteilen und dem ganzen Wort herstellen?

Synthese und Analyse

- Kann das Kind mit Hilfe inhaltlicher Hinweise fehlende Wortteile oder durch Nebengeräusche blockierte Wörter ergänzen und somit Verzerrungen vermeiden?

Ergänzung

Beobachtungsbogen nach CRAMER

Dieser Kurzfragebogen (CRAMER 1995) kann dem beobachtenden Grundschullehrer ebenfalls sehr hilfreiche Informationen über den aktuellen Wahrnehmungsstand eines Grundschulkindes im auditiven Bereich liefern; er ist gut einsetzbar und leicht zu handhaben:

Beobachtungen zum auditiven Bereich

Name, Vorname _____ geb. _____

	ja	nein
1. Spricht das Kind deutlich?		
Das Kind nuschelt ( )		
lässt Laute aus ( )		
vertauscht ähnlich klingende Laute wie g/d ( )		
g/k ( )		
d/t ( )		
m/n ( )		
Bitte entsprechende Antwort kennzeichnen.		
2. Verfügt das Kind über einen guten Wortschatz?		
3. Lernt das Kind schnell neue Wörter?		
4. Wenn ein falsch ausgesprochenes Wort verbessert wird, kann es dann das Wort richtig wiederholen? (z. B. BNW statt BMW, Plomarbeit statt Diplomarbeit)		
5. Wenn es einen Satz wiederholen soll, lässt es dann Wörter aus?		
6. Kann es kleine Verse lernen, den Text von einigen Liedchen singen?		
7. Kann es bei „auditiven Spielen" aufmerksam zuhören und reagieren? („Wenn die Musik zu Ende ist, klatscht alle in die Hände!")		
8. Fragt es häufig nach, was gesagt worden ist?		
9. Kann es sich an Namen, Zeitangaben, Farben erinnern?		
10. Es weiß nicht, ob es aus dem Nebenzimmer oder aus dem Keller gerufen wird!		
11. Lässt es sich leicht von Nebengeräuschen ablenken? Reagiert es im Trubel des Gruppenspiels leicht aggressiv, gereizt ( ) oder zieht es sich zurück? ( )		
Bitte entsprechende Antwort kennzeichnen.		
12. In der Gruppe versteht das Kind schlechter kleine Spielaufforderungen oder Erklärungen, als wenn sie im ruhigen Raum ausgesprochen werden.		
13. Hält es sich bei Lärm die Ohren zu?		
14. Reagiert das Kind verlangsamt oder nicht auf einfache Anweisungen wie: Wasch die Hände. Hole den Ball!		
15. Das Kind reagiert falsch auf eine Frage: „Wie alt bist du?" – „Ich heiße Marco."		
16. Hört das Kind bei Märchenkassetten – Benjamin Blümchen – ruhig und konzentriert zu?		
17. Es hört etwas Falsches: Statt „Ich habe panische Angst." – „Ich habe spanische Angst." Statt „Das Baby liegt im Brutkasten." – „Das Baby liegt im Brotkasten."		

Sonstige Beobachtungen:

Datum: _____ ausgefüllt von: _____

Beobachtungsbogen nach EBERT

Dieser Lehrerbeobachtungsbogen des Hörgeschädigten-Zentrums Würzburg (EBERT 1993) dient der Erfassung von Störungen der zentralen auditiven Wahrnehmung und kann im Unterricht der Grundschule nach wenig Einarbeitungszeit pädagogisch sinnvoll eingesetzt werden. Insgesamt werden hier sieben Bereiche beobachtet (vgl. EBERT 1993):

Aufmerksamkeit:
Fähigkeit, sich auf wechselnde akustische Reize (z. B. Sprachangebot des Lehrers, von Mitschülern, Unterrichtsgespräch) dauerhaft einstellen zu können

Lautheitsempfinden:
Laute Schallereignisse werden bei Betroffenen als zu laut bis schmerzhaft und normale Schallereignisse als zu leise empfunden

Dichotisches Hören:
Fähigkeit, mit beiden Ohren gleichzeitig auftretende, aber verschiedene Sprachinformationen verstehen zu können

Selektivität:
Das Kind ist bei gerichteter Aufmerksamkeit in der Lage, aus komplexen Schallereignissen sprachliche Informationen herauszuhören

Richtungshören:
Fähigkeit, eine Schallquelle exakt anzugeben

Gedächtnis:
Fähigkeit, nacheinander eintreffende akustische Informationen oder Signale für eine Weiterverarbeitung zu speichern

Lautdifferenzierung:
Fähigkeit, Sprachlaute zu erkennen und zu unterscheiden

HÖRGESCHÄDIGTEN-ZENTRUM WÜRZBURG

Erfassung von Störungen

der zentralen auditiven Wahrnehmung

– Lehrerbeobachtungen –

KIND

Name _____   Vorname _____

geboren _____   wohnhaft _____

Schule _____   _____

_____   Jahrgangsstufe _____

_____   Klassenleiter/in _____

Bisher erfolgte Untersuchungen und Beratungen:

_____

_____

_____

_____

Störung der auditiven Aufmerksamkeit

Unfähigkeit des Kindes, sich auf wechselnde akustische Signale (z. B. Sprachangebot des Lehrers – Unterrichtsgespräch) dauerhaft einstellen zu können

Zutreffendes bitte ankreuzen

Kind wird in der Schule im Laufe des Vormittags motorisch unruhiger, passt nicht mehr auf

☐ ja ☐ nein

Deutlicher Leistungsabfall in der Schule im Verlaufe des Vormittags

☐ ja ☐ nein

Zunehmende Ermüdung im Laufe des Unterrichts

☐ ja ☐ nein

Zunehmende Ablenkbarkeit im Laufe des Unterrichts

☐ ja ☐ nein

Fehlende Ausdauer bei verbalen Aufgaben

☐ ja ☐ nein

Geringe Mitarbeit im mündlichen Unterricht

☐ ja ☐ nein

Reaktionen im mündlichen Unterricht sind nicht themenbezogen, sondern erfolgen auf „Reizwörter", die die momentanen persönlichen Interessen des Kindes ansprechen

☐ ja ☐ nein

Ablenkbarkeit durch Geräusche

☐ ja ☐ nein

Störung des Lautheitsempfindens

Bei gestörtem Lautheitsempfinden werden im Besonderen laute Schallereignisse als zu laut bis schmerzhaft und normallaute (Umgangssprachenlautstärke) eher als zu leise empfunden

Lautstärkeempfindlichkeit,
Reklamation größerer Lautstärken im Schulalltag:
Kind beschwert sich, hält sich die Ohren zu,
zieht sich zurück

☐ ja ☐ nein

Kind reklamiert, wenn leise gesprochen wird

☐ ja ☐ nein

Störung des Dichotischen Hörens

Unfähigkeit, mit beiden Ohren gleichzeitig auftretende verschiedene Sprachinformationen verstehen zu können

Kind beschwert sich sofort, wenn durcheinander gesprochen wird

☐ ja ☐ nein

Kind kann nicht gleichzeitig auf mehr als einen Sprecher achten

☐ ja ☐ nein

Kind verliert leicht den roten Faden im Verlauf eines Gruppengesprächs

☐ ja ☐ nein

Kind bekommt bereits bei kurzem Schwätzen mit dem Nachbarn nicht mit, was der Lehrer und andere Schüler sagen

☐ ja ☐ nein

Störung der Selektivität

Bei gestörter Selektivität ist das Kind selbst bei gerichteter Aufmerksamkeit nicht in der Lage, aus komplexen Schallereignissen sprachliche Informationen herauszuhören

Schlechteres Verstehen im Klassenverband
bei Störgeräuschen

☐ ja   ☐ nein

In der Kleingruppe und Einzelsituation
deutlich besseres Sprachverstehen

☐ ja   ☐ nein

Kind fragt häufig nach

☐ ja   ☐ nein

Kind orientiert sich bei Aufträgen an Mitschülern

☐ ja   ☐ nein

Informationen werden häufig falsch verstanden

☐ ja   ☐ nein

Besseres Aufgabenverständnis bei zusätzlicher
visueller und handlungsbezogener Darbietung

☐ ja   ☐ nein

Kind gibt Antworten, die sich nicht direkt auf
gestellte Fragen beziehen

☐ ja   ☐ nein

Störung des Richtungshörens

Unfähigkeit, eine Schallquelle exakt zu orten

Kind weiß nicht, wo es suchen soll,
wenn es gerufen wird

☐ ja   ☐ nein

Es fällt dem Kind schwer sich in Gruppengesprächen
dem jeweiligen Sprecher zuzuwenden

☐ ja   ☐ nein

Auditives Gedächtnis

Bei einer Störung des auditiven Gedächtnisses ist das Kind nur begrenzt fähig nacheinander eintreffende akustische Informationen für eine Weiterverarbeitung zu speichern

Kind ist im Kopfrechnen deutlich schwächer als im
schriftlichen Rechnen

    ja   nein

Bei Diktaten wiederholtes Nachfragen oder
Wortauslassungen

    ja   nein

Nacherzählung eines gehörten Textes ist
unvollständig

    ja   nein

Kind lernt besser auswendig, wenn es eine
schriftliche Vorlage hat

    ja   nein

Kind kann sich Liedtexte schwer merken

    ja   nein

Kind verliert Interesse, wenn Geschichten
vorgelesen werden

    ja   nein

Mündl. Handlungsanweisungen werden vor allem dann nicht oder
unvollständig ausgeführt, wenn sie mehrere Teilschritte enthalten

    ja   nein

Hausaufgaben müssen schriftlich notiert werden

    ja   nein

Kind spricht in kurzen Sätzen
und häufig dysgrammatisch

    ja   nein

Störung der Lautdifferenzierung

Unsicherheit im Erkennen und Unterscheiden von Sprachlauten

Kind verwechselt oft klangähnliche Wörter

    ja   nein

Kind fragt auch in Einzelsituationen öfter nach

    ja   nein

Kind spricht verwaschen, nuschelt

    ja   nein

Häufige Fehler beim Schreiben nach Gehör

    ja   nein

Anzeichen für Auffälligkeiten beim Tasten und Fühlen

Im Schulalltag zeigt eine ganze Reihe von Kindern die verschiedenartigsten Auffälligkeiten aus diesem Problemkreis, wie z.B. falsche Sitzhaltung auf zu kleinen Stühlen oder Bänken, verkrampfte Stifthaltung beim Schreiben oder ungeschicktes Hantieren mit der Schere beim Basteln, die nicht angegangen werden können, wenn man nicht den Hintergrund und die Ursachen kennt. Der taktil-kinästhetische Entwicklungsbereich wurde bislang zu wenig beachtet und daher in seinen Auswirkungen auf schulrelevante Informationen nur spärlich erforscht. Hinzu kommt, dass die Anforderungen in der Grundschule immer noch zu sehr auf kognitiv-sprachliche Leistungen ausgerichtet sind. Die Bedeutung von Tast- und Bewegungsempfindungen für die Entwicklung der Kinder wird bis heute in der Grundschule zu wenig gesehen. Das Fühlen und Tasten ist jedoch eine wichtige Grundlage aller kindlichen Tätigkeiten und Aktivitäten. Praktische Geschicklichkeit, Hand- und Fingerfertigkeit sowie Körperkoordination basieren auf taktil-kinästhetischen Wahrnehmungen (vgl. LEYENDECKER 1988). Wie kann man nun als Lehrer im Unterricht Anzeichen für taktil-kinästhetische Wahrnehmungsauffälligkeiten erkennen. LEYENDECKER (1988) gibt hierzu folgende Hinweise:

Checkliste zur Beobachtung im Unterricht
- Koordination von Hand und Auge funktioniert nicht, besonders auffallend im Unterricht beim Schreiben, Ausschneiden und Zeichnen
- Unsicherheiten bei der Orientierung und der Raumlagewahrnehmung, d.h. diese Kinder verdrehen und vertauschen Buchstaben oder können räumliche Beziehungen im Geometrieunterricht nicht erfassen
- Große Bewegungsunsicherheiten, besonders mit verbundenen Augen, wie z.B. beim Spiel „Blindekuh", beim Erklettern der Sprossenwand im Sportunterricht oder bei Zielversuchen mit den Händen (z.B. Ringe über einen Stab oder Tennisbälle in einen Korb werfen)
- Ungeschicklichkeiten im Sportunterricht, z.B. beim Ballfangen, Springen, Balancieren, einbeinigen Stehen und Hüpfen sowie beim Auf- und Absteigen von Treppen
- Unsicherheiten bei schnell wechselnden Bewegungen, wie beim Auf-der-Stelle-Laufen oder gleichzeitigen Hin- und Herdrehen der Hände
- Ungeschicklichkeiten im musischen Unterricht, wie z.B. beim rhythmischen Händeklatschen, beim Taktschlagen und bei Tanzspielen
- Unflexibles mimisches und gestisches Ausdrucksverhalten, unsicheres Körpergefühl und Auffälligkeiten bei der Körpersprache

Beobachtungsverfahren nach CÁRDENAS
Das Beobachtungsverfahren von Cárdenas (1996) „Diagnostik mit Pfiffigunde" ist ein kindgemäßes Verfahren zur Beobachtung von Wahrnehmung und Motorik bei Kindern im Alter von fünf bis acht Jahren. Dieses Screening-Verfahren, das in

31 Beobachtungssituationen Informationen über den erreichten Stand von Fein- und Grobmotorik, Perzeption, Lateralität, Körperschema und Gedächtnis sammelt, ist jedoch nicht standardisiert. An einer Normierung und Eichung wird zur Zeit gearbeitet. Dieses Screening-Verfahren soll dazu dienen, einen Überblick über Ausmaß und Profil der Wahrnehmungsauffälligkeiten zu bekommen. Darüber hinaus erhalten wir auch Informationen über mögliche organische Unzulänglichkeiten und den notwendigen Einsatz weiterer Fachkräfte und Experten. Das Verfahren „Diagnostik mit Pfiffigunde" ist besonders dafür geeignet, Informationen zur Schulreife zu erhalten und auch bei auftretenden Wahrnehmungsauffälligkeiten in den ersten zwei Schuljahren Hypothesen über den möglichen Verursachungshintergrund zu bilden. Es ist als Ergänzung zu den bekannten standardisierten Testverfahren und neurologischen Untersuchungen zu betrachten. Dieses Verfahren zeichnet sich durch eine hohe Motivationsbasis aus sowie durch eine stressfreie Handhabung. Am Ende der diagnostischen Abklärung durch „Diagnostik mit Pfiffigunde" steht kein errechneter Durchschnittswert, sondern die Erstellung eines individuellen Profils von Fähigkeiten und Möglichkeiten auf der einen Seite und von Auffälligkeiten auf der anderen Seite, die nun gezielt gefördert werden können. Das von der Verfasserin anvisierte Ziel besteht darin, „Hinweise auf das Vorliegen von Hirnfunktionsstörungen zu gewinnen, die Hintergrund für vielfältige Bewegungs- und Wahrnehmungsstörungen sein können" (CÁRDENAS 1996, S. 21).

In diesem Beobachtungsverfahren sind Beobachtungen zu folgenden Bereichen möglich:

- 27 unterschiedliche grobmotorische Leistungen werden überprüft (z.B. Spannungsverhältnisse der Muskelgruppen, Einnehmen bestimmter Körperhaltungen, mögliche Seitendifferenzen, Gleichgewicht),
- 16 feinmotorische Leistungen von Auge, Hand, Fuß und Mund werden bewertet,
- in 9 Situationen wird der Stand der Bilateralintegration beobachtet (z.B. beherrschte Bewegungsmuster und die Fähigkeit, die Körpermittellinie zu überqueren),
- in 17 Situationen wird die Leistungs- bzw. Präferenzdominanz von Hand, Auge, Ohr und Bein bzw. Fuß beobachtet,
- in 11 Situationen wird der Stand der visuellen, auditiven, taktilen und vestibulären Wahrnehmung betrachtet,
- in 5 Situationen wird die Gedächtnisleistung überprüft und
- in zwei Situationen das Körperschema.

Die Gleichgewichtswahrnehmung wird nur in zwei Beobachtungssituationen und die taktile Wahrnehmung direkt nur in einer Situation überprüft. Allerdings geht die taktil-kinästhetische Wahrnehmung indirekt als Leistung in zahlreiche Beobachtungssituationen mit ein!

Anzeichen für Auffälligkeiten in mehreren Wahrnehmungsbereichen

Nach Unterrichtsfächern differenzierte Beobachtungskriterien erhält der Grundschullehrer in dem bereits mehrfach erwähnten Buch „Integrationsstörungen" von BRAND/BREITENBACH/MAISEL (1986, S. 108–113). Diese Beobachtungslisten bieten vielfältige Anhaltspunkte dafür, auf welche Weise ein Kind hinsichtlich seiner Wahrnehmungsfähigkeit allgemein auffällig sein kann, erhebt jedoch nicht den Anspruch auf Vollständigkeit:

Sprache:
(1) Ein Kind meldet sich sehr oft, weiß aber beim Aufrufen nicht mehr, was es sagen wollte.
(2) Wird es angesprochen oder erhält es einen Auftrag, fragt es sehr oft nach.
(3) Es versteht und behält oft nur eine Anweisung. Anweisungs- und Auftragsketten kann es nicht ausführen.
(4) Hat das Kind einen Gedanken gefasst, kann es diesen nur schwer aufgeben, auch wenn er nicht zum Thema passt.
(5) Das Kind erfasst den Sinn von Wörtern nur ungenau. Es verwechselt daher häufig Wörter.
(6) Das Kind findet oft nicht den richtigen Begriff (vor allem bei Substantiven) und umschreibt ihn daher.
(7) Das Sprachverständnis ist besser als die Sprachproduktion (häufig Stammel- und/oder dysgrammatische Fehler).
(8) Ähnlich gebildete Laute werden leicht verwechselt, z.B. n-l-d, t-ch-k, p-m-b, m-n.
(9) Lange Selbstlaute können oft nicht von kurzen unterschieden werden.
(10) Das Kind reagiert oft übermäßig stark auf akustische Reize, wie Geräusche etc.

Lesen:
(1) Das Kind verwechselt oft ähnliche Buchstaben.
(2) Die Raumlage von Formen und Buchstaben wird verändert/gedreht.
(3) Das Kind bleibt an einem Buchstaben oder einer Silbe hängen und kann nur schwer weiterlesen.
(4) Das Lesen in Zeilenanordnung und Zeilenrichtung (von links nach rechts) fällt dem Kind schwer.
(5) Das Kind neigt sich beim Lesen oft stark nach links, sein Kopf liegt dabei eventuell fast auf der Tischplatte.
(6) Wörter mit komplizierter Lautstruktur können oft nicht erlesen, ausgesprochen und damit verstanden werden.
(7) Leises Lesen gelingt oft besser als lautes Vorlesen.
(8) Das Kind lässt sich nur ungern am Kopf streicheln oder an der Schulter berühren, wenn es eine gute Leistung erbracht hat.

Schreiben:
(1) Der Schreibvorgang ist beim Kind oftmals insgesamt verlangsamt.
(2) Der Stift wird oft zu steil und sehr verkrampft gehalten.
(3) Der Stift bricht oft ab, das Schreibpapier zerreißt leicht.
(4) Die Schrift ist oft zitterig oder aber sehr ausfahrend.
(5) Beim konzentrierten Schreiben treten oft Mitbewegungen in der anderen Hand oder/und im Mundbereich auf.
(6) Die zweite (meist linke) Hand hält nicht das Blatt fest, sondern ist völlig unbeteiligt.
(7) Zeilen werden oft nicht eingehalten.
(8) Buchstaben sind oft unterschiedlich groß und weisen verschiedene Richtungen auf.
(9) Buchstaben oder Wörter können oft nur ungenau oder falsch von der Tafel auf die Heftseite übertragen werden.
(10) Linien, die das Kind von links nach rechts zieht, weisen oft auf der Höhe der Körpermittellinie einen deutlichen Knick auf.
(11) Beim Ziehen einer waagerechten Linie dreht das Kind sein Arbeitsblatt oft so, dass es eine senkrechte Linie zeichnen kann, oder es beugt sich so stark nach links, dass es quasi wieder eine senkrechte Linie zeichnet.
(12) Gelernte Bewegungsmuster und Bewegungsabläufe werden beharrlich beibehalten, auch wenn sie falsch sind.
(13) Rhythmische Bewegungsabläufe können oft nicht nachvollzogen und/oder durchgehalten werden bzw. gebremst werden.
(14) Beim Diktat macht das Kind oft zu Hause wenig oder keine Fehler, in der Schule aber sehr viele.
(15) Ein Wort wird manchmal in verschiedenen Anordnungen auf ein Blatt gekritzelt, bevor es ins Heft geschrieben wird.

(16) Die Rumpfposition wird beim Schreiben oder Malen oft nicht so verändert, dass die Hand eine vorteilhafte Stellung einnehmen kann.

(17) Das Kind kann seinen Namen nicht in Druckbuchstaben schreiben oder kopieren.

Mathematik:

(1) Das Kind tut sich oft schwer, kleine Muggelsteine mit dem Pinzettengriff aufzuheben und (z. B. in einer Reihe) anzuordnen.

(2) Das Zusammenstecken von Würfeln, Lego etc. bereitet dem Kind manchmal Schwierigkeiten.

(3) Das Zählen mit den Fingern gelingt oft nicht, da die Finger nicht einzeln bewegt werden können.

(4) Hat das Kind den Schreibbewegungsablauf von einer Ziffer falsch gelernt, gibt es diesen nur schwer wieder auf.

(5) Das Aufschreiben von Rechenaufgaben in die Kästchen-Lineatur gelingt oft nur mäßig.

(6) Im Kopf kann das Kind Aufgaben oft nicht rechnen, da es sich die mündlichen Anweisungen nicht merken kann.

(7) Textaufgaben werden oft nicht verstanden, weil das Kind nur einige Wörter wahrnimmt und interpretiert, die anderen Wörter aber übersieht.

(8) Größenunterschiede und Richtungen nimmt es häufig nicht richtig wahr.

(9) Strecken, die das Kind zurücklegen muss, kann es oft nur schwer oder auch gar nicht einschätzen und vergleichen.

(10) Das Lesen der Uhr als ein räumliches und zeitliches Empfinden von Distanz gelingt lange Zeit nicht.

(11) Konstruktionsspiele, vor allem nach Vorlage, gelingen oft nicht.

Kunsterziehung/Werken:

(1) Manche Kinder fassen Farben, Kleister und Materialien nur ungern an. Sie wischen sich bei der Arbeit ständig die Hände ab.

(2) Die Tastwahrnehmung und -unterscheidung von Gegenständen und Materialien gelingt bei geschlossenen Augen nur mäßig.

(3) Mit geschlossenen Augen kann das Kind oftmals nicht zwei Gegenstände durch Betasten gleichzeitig bedienen (z. B. Stecker in Steckbrett setzen).

(4) Das Kind kann manchmal Gegenstände nur malen, wenn es sie unmittelbar vorher anfasst.

(5) Die Darstellung eines Männchens gelingt oft nicht altersentsprechend.

(6) Das Kind scheint Störungen in der Auge-Hand-Koordination zu haben.

(7) Das Kind hat oft Probleme beim Falten, Reißen, Schneiden, Kneten einfacher Formen, da ihm die Vorstellung fehlt, es nur eine Hand zur Arbeit benutzt oder es nicht weiß, wie und wo es anfangen soll.

(8) Umrisse von sehr einfachen Gegenständen (z. B. großer quadratischer Bauklotz) können durch Umfahren nicht angefertigt werden.

(9) Das freie Aufzeichnen von einfachen geometrischen Formen bereitet oft Schwierigkeiten.

(10) Die Fingerbeweglichkeit erscheint gering, ja fast plump.

(11) Das Hantieren mit einfachem Werkzeug erfolgt oft sehr ungeschickt.

(12) Die Kraft in den Armen, Händen und Fingern erscheint oft zu groß oder zu gering oder das Kind kann sie nicht exakt dosieren.

(13) Durch ungeschickte Bewegungen des ganzen Körpers oder nur der Hände zerstört das Kind oft eine Arbeit oder einen Gegenstand.

(14) Manche Kinder handeln nur ungern selber, sie schauen lieber zu.

(15) Das Durchhaltevermögen und die Konzentration lassen bei längeren Aufgaben schnell nach.

(16) Beim Malen kann sich das Kind oft nur schwer von einer Vorlage (z. B. an der Tafel) trennen.

(17) Das Kind versteht längere Arbeitsaufträge nicht.

(18) Es kann eine bestimmte Vorgehensweise oft nicht richtig nachvollziehen und die Reihenfolge der Arbeitsschritte einhalten.

Sport und Spiel, Musik und Bewegung:

(1) Das Kind braucht sehr lange um sich aus- und anzuziehen.

(2) Das Öffnen und Schließen von Reißverschlüssen und Knöpfen und das Binden von Schleifen bereitet ihm oft Schwierigkeiten.

(3) Das Kind geht ungern barfuß.

(4) Das Kind reagiert manchmal sehr geräuschempfindlich.

(5) Es kann Schallquellen oft nicht lokalisieren und differenzieren.

(6) Es findet sich im (bekannten) Raum nur schlecht zurecht.

(7) Nachahmungsspiele fallen dem Kind (auch in einfacher Anordnung) oft schwer.

(8) Wird das Kind beim gemeinsamen Spiel zufällig angestoßen (vor allem von hinten), so fährt es zusammen oder es schlägt gleich zurück.

(9) Beim Ziehen oder Schieben von schweren Gegenständen sondert sich das Kind oft ab.

(10) Das Kind zeigt meist eine allgemeine Bewegungsverarmung, auch in der Mimik.

(11) Das Kind hat Probleme, Bewegungen auf Abruf auszuführen.

(12) Rhythmische Bewegungsabläufe kann das Kind oft nicht ausführen.

(13) Die Bewegungen des Kindes sind ungeschickt, es stolpert leicht, fällt oft hin oder rennt gegen sichtbare Hindernisse.

(14) Beim Rennen zeigt das Kind oft „Ruderbewegungen" mit einem oder beiden Armen.

(15) Das Kind hat oft Angst vor dem Klettern, Springen, Rutschen, Drehen, Rollen oder Hüpfen.

(16) Es kann Gefahren trotz Erfahrung nicht richtig einschätzen.

(17) Beim Werfen, Fangen und Prellen von Bällen hat das Kind oftmals Schwierigkeiten (z. B. zieht es den Kopf ein und winkelt die Arme an).

(18) Beidbeiniges Hüpfen, Rückwärtsgehen und Balancieren gelingen oft nicht, vor allem mit geschlossenen Augen.

(19) Das Kind vermeidet manchmal Spiele, bei denen es den Kopf nach unten halten muss (z. B. beim Purzelbaum).

(20) Es verweigert manchmal überhaupt seine Teilnahme an Spielen in der Gruppe.

Arbeits- und Sozialverhalten, Emotionalität:

(1) Das Kind zeigt oft Kontakt- und/oder Kommunikationsprobleme.

(2) Es vermeidet oft direkten Körperkontakt, nimmt aber gerne an Spielen ohne Körperkontakt teil oder schaut interessiert zu.

(3) Das Kind ist motorisch unruhig und meist überaktiv.

(4) Die allgemeine Reizschwelle scheint meistens herabgesetzt zu sein oder aber extrem hoch zu liegen.

(5) Das Kind zeigt in vielen Situationen eine gesteigerte Erregbarkeit oder Zurückhaltung und Schüchternheit.

(6) Das Kind lässt sich leicht ablenken und kann sich nicht lange konzentrieren.

(7) Die Frustrationsschwelle ist häufig recht gering.

(8) Das Kind meidet viele für es problematische Situationen oder überspielt seine Probleme durch Verhaltensauffälligkeiten wie Kasperei, Aggressivität usw.

(9) Das Kind hat manchmal ein gutes Gedächtnis für Dinge und Situationen. Die kleinste Veränderung aber bringt das Kind total aus der Fassung.

(10) Das Kind verliert leicht die Übersicht über eine Situation und reagiert daher unangemessen.

(11) Das Kind weist Verhaltensauffälligkeiten auf, wenn es unter Zeitdruck steht und dadurch seine oberste Leistungsgrenze überschritten wird.

(12) Das Kind macht Flüchtigkeitsfehler und hat Konzentrationsprobleme, wenn eine Aufgabe nicht an seiner obersten Leistungsgrenze angesiedelt ist, das Kind also nicht individuell sehr stark gefordert ist.

(13) Das Kind zeigt gelegentlich vor Einzelsituationen oder vor der Schule allgemein Angst, die sich in Bauchweh, Kopfweh oder Übelkeit äußern kann.

(14) Das Kind hat oft große Probleme mit dem Ordnen und dem In-Ordnung-Halten seiner Dinge.

(15) Das Kind zeigt sehr oft eine langsame Arbeitsweise in vielen Bereichen.

(16) Das Kind wirkt oft ängstlich, emotional labil und häufig bedroht.

Die Beobachtung dieser Kriterien soll sich über einen längeren Zeitraum erstrecken. Zunächst scheint eine kurzzeitige Beobachtung kurz vor der Einschulung notwendig und sinnvoll, also bereits im letzten Kindergartenjahr. Danach sollte sich der Lehrer zwei bis vier Wochen Zeit dafür nehmen. Werden in den ersten Wochen der Grundschulzeit in mehreren Schulfächern entsprechende Beobachtungen gemacht, so können Wahrnehmungsauffälligkeiten angenommen werden. Jetzt sollten möglichst bald gezielte Tests durch den Schulpsychologen, den Fachpsychologen, den Kinderpsychiater oder den Neurologen durchgeführt werden. Im Falle von visuellen Wahrnehmungsauffälligkeiten ist eine fachärztliche Untersuchung beim Augenarzt indiziert. Brauchen Eltern und Lehrer weitere Unterstützung in pädagogischen Fragen, die z. B. Hilfsmittel oder Lehr- und Lernmittel betreffen, so helfen auch die regionalen Beratungsdienste der Städte und Gemeinden weiter. Im Falle von auditiven Wahrnehmungsauffälligkeiten ist eine medizinische Untersuchung beim Hals-Nasen-Ohrenarzt dringend notwendig um die peripheren Hörleistungen des betroffenen Kindes prüfen zu lassen. Darüber hinaus können die regionalen Pädaudiologischen Untersuchungsstellen und Beratungsstellen für Sprachheilbehandlung aufgesucht werden.

Zur Diagnose sprachbezogener Wahrnehmungsleistungen

Zur Diagnose sprachbezogener Wahrnehmungsfähigkeiten haben BREUER/ WEUFFEN (1993) in der ehemaligen DDR Screenings entwickelt, die das aktuelle Niveau der Wahrnehmung angeben können. Hierbei handelt es sich nicht um standardisierte Tests mit dem Ziel der Klassifizierung, Selektion oder Einordnung der Kinder, sondern um Grobsiebverfahren, die das Ziel verfolgen, all jene Kinder am Schulanfang herauszufinden, die in den basalen Funktionen der Wahrnehmung Auffälligkeiten aufweisen. Daher haben BREUER/WEUFFEN für das letzte Kindergartenjahr die „Differenzierungsprobe für Fünf- bis Sechsjährige" (DP I) und die „Differenzierungsprobe für Sechs- bis Siebenjährige" (DP II) entwickelt und erprobt. Diese Untersuchungen können nach sachgemäßer Einarbeitung u. a. auch von Erziehern und Grundschullehrern durchgeführt werden.

Die Differenzierungsprobe für Fünf- bis Sechsjährige

Bei diesem Verfahren werden die verbosensomotorischen Voraussetzungen für den Lese- und Schreiblernprozess bereits im frühen Vorschulalter überprüft und mögliche Rückstände und Auffälligkeiten für die Eltern und Lehrer sichtbar gemacht. Dabei werden folgende fünf Wahrnehmungsbereiche in die Untersuchung einbezogen:

Die optisch-graphomotorische Differenzierungsfähigkeit
Dem Kind werden Aufgaben gestellt, die die Strukturelemente unserer Schriftzeichen wie Richtung, Häufigkeit, Lage und Größe berücksichtigen. Das Kind muss bestimmte vorgegebene Zeichen abmalen.

Die akustisch-phonematische Differenzierungsfähigkeit
Die Kinder sollen unter Berücksichtigung des Prinzips der Phonemvergleiche und der bildlichen Repräsentation zehn klangähnliche Wortpaare sprechen, z. B. Kopf-Topf, Tanz-Gans usw.

Die kinästhetisch-artikulatorische Differenzierungsfähigkeit
Das Kind soll Wörter nachsprechen, die recht schwer zu artikulieren und den meisten Kindern nicht bekannt sind. Das ist von den Autoren beabsichtigt, weil es auf die Überprüfung genau dieser Fähigkeit ankommt.

Die melodische Differenzierungsfähigkeit
Die Kinder werden aufgefordert, das bekannte Kinderlied „Alle meine Entchen" zu singen. Ist dieses Lied unbekannt, so kann auch ein anderes einfaches Kinderlied gesungen werden.

Die rhythmische Differenzierungsfähigkeit
Die Kinder sollen einen vorgegebenen Takt nachklatschen, wobei der Klatsch-
rhythmus als eine unterschiedliche Folge von „kurz" und „lang" geklatscht wird.

Diese Untersuchung mit der DP I wird als Einzeluntersuchung durchgeführt und
dauert in der Regel zwischen zehn und zwölf Minuten. Für die Durchführung werden Bildtafeln, Papier, Filzstift und ein Protokollblatt benötigt.

Die Differenzierungsprobe für Sechs- bis Siebenjährige

Die DP II dient als Ergänzung und Erweiterung der Überprüfung der Wahrnehmungsleistungen für jüngere Schulkinder mit der DP I. Die Zielsetzung der DP II
ist die gleiche wie bei der DP I, d. h. es werden die gleichen Bereiche mit in die
Untersuchung einbezogen. Die einzelnen Aufgaben sind jedoch höheren Anforderungen angepasst.

Als Diagnosezeitraum schlagen die Autoren die Monate Januar/Februar im ersten
Schuljahr vor. Die eigentliche Untersuchung dauert etwa zwanzig Minuten und ist
als Einzeluntersuchung in einem störungsfreien Raum durchzuführen.
Mit diesen beiden Grobsiebverfahren von BREUER/WEUFFEN hat der Lehrer
nun die Möglichkeit, sich bereits vor Schuleintritt und dann auch im ersten Schuljahr ein Bild über die verbosensomotorischen Voraussetzungen der Kinder zu verschaffen.

Da der Grundschullehrer aufgrund seiner Ausbildung zum Durchführen standar-
disierter Testverfahren in der Regel nicht berechtigt ist und in seinem Unterricht
weder Zeit noch Raum zur Verfügung hat, Tests zur Überprüfung basaler Ent-
wicklungsdimensionen einzusetzen, wird ihm mit der Beobachtungsliste von
BRAND/BREITENBACH/MAISEL (1986) und mit der Differenzierungsprobe
als Verfahren zur Diagnose sprachbezogener Wahrnehmungsauffälligkeiten von
BREUER/WEUFFEN (1993) die Möglichkeit gegeben, ohne besonderen Zeit- und
Materialaufwand Informationen über den momentanen Entwicklungsstand eines
Kindes einzuholen. Die ermittelten Befunde weisen den Lehrer auf pädagogische
Ansatzstellen für eine individuelle Förderung im Anfangsunterricht der Grund-
schule hin (siehe hierzu die Übungen und Materialien im letzten Kapitel dieses
Bandes).

Protokollblatt zur Differenzierungsprobe (DP I) nach BREUER/WEUFFEN

Name: Vorname: geb.:   Alter: ;   Jahre

Bemerkungen:

1. *Optisch-graphomotorische Differenzierung*   Ergebnisse

⊨	⨼	ⱏ	z	S

2. *Akustisch-phonematische Differenzierung*
   Probe: Keller   –   Teller
   Prüfaufgaben:

Kopf	–	Topf		Kanne	–	Tanne	
Tanz	–	Gans		Nagel	–	Nadel	
Sack	–	satt		Kamm	–	Kahn	
krank	–	trank		Tasche	–	Tasse	
backen	–	baden		Wache	–	wasche	

3. *Kinästhetisch-artikulatorische Differenzierung*

Post - kutsche	
Alu - minium	
Schell - fisch - flosse	

4. *Melodische Differenzierung*

5. *Rhythmische Differenzierung*
   Probe: ● ● ▬ ●
   Prüfaufgaben:

1. Aufgabe: ▬ ● ●	
2. Aufgabe: ● ▬ ● ●	

Zusammenfassung der Ergebnisse:

Optisch	Phonematisch	Kinästhetisch	Melodisch	Rhythmisch

Datum: Unterschrift:

Name:　　　　　Vorname:　　　　geb.:　　　Alter:　　　;　　Jahre

Bemerkungen:

1. *Optische Differenzierung*　　　　　　　　　　　　　　　Ergebnisse

　　1. Probeaufgabe　⊨　　　2. Probeaufgabe　Z

　　Prüfaufgaben

S	.ſ	⊦	ϑ

2. *Phonematische Differenzierung*

　　1. Probeaufgabe: Haus – Maus　　　2. Probeaufgabe: Vogel – Vogel
　　3. Probeaufgabe: Bein – Wein

　　Prüfaufgaben:

Petra	–	Peter		Seife	–	Seife	
Tür	–	Tier		acht	–	acht	
bemühen	–	bemühen		Postkutsche	–	Potzkusche	
graben	–	traben		Nagel	–	Nadel	
Konsum	–	Komsum		dem	–	den	

3. *Kinästhetisch Differenzierung*

Konsumgenossenschaft	
Krambambuli	
Elektrizität	

4. *Melodische Differenzierung*

    1. Probeaufgabe:

    2. Probeaufgabe:

    Prüfaufgaben:

5. *Rhythmische Differenzierung*

    Probe: ● ▬ ● ●

    › Prüfaufgaben:

1. Aufgabe: ● ● ▬ ●	
2. Aufgabe: ● ● ▬ ● ●	

Zusammenfassung der Ergebnisse:

Optisch	Phonematisch	Kinästhetisch	Melodisch	Rhythmisch

Datum: Unterschrift:

Wahrnehmungsauffälligkeiten
in der Grundschule

Die statistische Erfassung von Wahrnehmungsauffälligkeiten bei Grundschulkindern und die quantitative Auswertung einzelner Wahrnehmungsauffälligkeiten sind in den letzten Jahren trotz alarmierender Signale stiefmütterlich behandelt worden, wobei Auseinandersetzungen mit dieser Problematik weitgehend auf dem Hintergrund der Überlegungen zum Erwerb der Lautsprache und der Schriftsprache erfolgen: Zum Zusammenhang zwischen der gesprochenen Sprache und der Wahrnehmung werden einzelne Wahrnehmungskanäle – wie z. B. der auditive – besonders intensiv erforscht (vgl. GÜNTHER/ GÜNTHER 1988, 1991, 1993). In dem von BREUER/WEUFFEN herausgegebenen Buch mit dem Titel „Lernschwierigkeiten am Schulanfang" (1993) wird ausführlich der Zusammenhang zwischen den Wahrnehmungsleistungen als basale kognitive Grundlage und dem Erwerb der Laut- und Schriftsprache behandelt. Fast immer sind an Lern- und Sprachproblemen unzureichende Sprachwahrnehmungsleistungen ursächlich beteiligt. Die auffälligen Kinder in der Grundschule weisen daher partielle oder globale Rückstände im Niveau der phonematischen, kinästhetischen, melodischen, rhythmischen und optischen Differenzierungsfähigkeit auf. Dies behindert und hemmt den Wahrnehmungsvorgang und das Verstehen von Sprache erheblich und führt zu Schwierigkeiten beim Lesen und Schreiben. Wie stark nun die Wahrnehmungsleistungen als basale kognitive Grundlagen Einfluss auf den Erwerb der Sprache nehmen, zeigt sich bei Grundschülern mit einer unerwarteten Leserechtschreibschwäche. Insbesondere sprachauffällig Kinder sind mit dieser Problematik in ihrer schulischen Laufbahn erheblich belastet (vgl. BREUER/ WEUFFEN 1993).

In Längsschnittuntersuchungen der o. g. Autoren mit 56 Kindern, die im Anfangsunterricht unerwartet Schwierigkeiten beim Lesen- und Schreibenlernen hatten, verfügte keines dieser Kinder bei Schuleintritt über ein altersgerechtes Wahrnehmungsniveau. Die Schullaufbahn dieser Kinder wurde über zehn Jahre hinweg verfolgt. Fast 40 % von ihnen mussten Klassen wiederholen, kamen in Sonderschulen für Lern- und Sprachbehinderte oder verließen die Schule vorzeitig ohne Abschluss. Nur 20 % dieser 56 Kinder gelang ein guter Schulabschluss; die verbleibenden Schüler erreichten in der Regelschule durchweg schwache Schulleistungen (BREUER/WEUFFEN 1986).

In einer Broschüre des Ministeriums für Kultus, Jugend und Sport des Landes Baden-Württemberg in Zusammenarbeit mit dem Landesverband Legasthenie

Baden-Württemberg e. V. wird davon ausgegangen, „. . . dass bis zu 25 % der Kinder zu Schulbeginn noch Wahrnehmungsschwächen haben" (MINISTERIUM FÜR KULTUS, JUGEND UND SPORT BADEN-WÜRTTEMBERG 1997, S. 13). Diese Kinder tragen somit ein erhöhtes Risiko in sich, allgemeine Lernprobleme oder spezielle Schwierigkeiten beim Lesen und Schreiben zu entwickeln.

In einer Untersuchung an dreizehn Grundschulen in Rheinland-Pfalz von KREB/ PESCHEK/WEISCHENBERG (1997) wurden 29 Lehrerinnen und Lehrer der Klassen 1 bis 4 hinsichtlich der Häufigkeit und Art von Wahrnehmungsauffälligkeiten schriftlich befragt. Hierbei gibt es Kinder, die keine oder aber gleich mehrere Wahrnehmungsauffälligkeiten haben. Als häufigstes Problem wird die visuelle Wahrnehmungsauffälligkeit genannt.

In der gleichen Untersuchung werden auch Schulärztinnen aus dem Raum Saarbrücken/Pirmasens und Landau befragt. Diese gehen aufgrund ihrer jährlichen Untersuchungen davon aus, dass ca. 10 % der eingeschulten Kinder Wahrnehmungsauffälligkeiten zeigen (vgl. KREB u. a. 1997).

Aufgabe der Grundschule

Die Aufgabe der Grundschule besteht gegenwärtig darin – ausgehend von den Wandlungen des Bildungsbegriffs von der Gründungsphase 1920 als pädagogisch-anthropologischen Bildungsbegriff über die Diskussion des Bildungsbegriffs in den 70er Jahren als technologisch orientierten Lernbegriff – sich als eine offene Bildungseinrichtung zu begreifen, als Lebensraum für alle Kinder. Die traditionellen Lernformen der Grundschule müssen sich den heutigen Lebensbedürfnissen der Kinder anpassen. Es ist nicht Aufgabe der Schule, die Kinder an die Schule und den Unterricht anzupassen, sondern die Grundschule muss sich an den individuellen Förderbedürfnissen der Kinder ausrichten, d. h. auch an den leistungsschwachen Problemkindern (sprachauffällige, lernschwache, leserechtschreibschwache, wahrnehmungsauffällige Kinder) mit all ihren sozialen Schwierigkeiten und subjektiven Unzulänglichkeiten. Das bedeutet, dass sie sich in zunehmendem Umfang mit dem Problem der Wahrnehmungsauffälligkeiten didaktisch und methodisch auseinander setzen muss, wenn sie ihrem Anspruch gerecht werden und ihre Ziele erreichen will. Sie hat die teilweise defizitär entwickelte Erfahrungsstruktur der Kinder durch die Arbeit mit konkret erfahrbaren Lerninhalten zu modifizieren und auf ein entsprechendes Wahrnehmungsniveau anzuheben. Das Wesentliche des heutigen Bildungsbegriffs der Grundschule liegt in der personalen Selbstgestaltung. Doch unterliegt die Grundschule leider teilweise noch dem Irrtum, ausschließlich den Fächerkanon und die zu vermittelnden Unterrichtsstoffe als schulische Bildung zu betrachten (vgl. LICHTENSTEIN-ROTHER 1992). Die Überbetonung der kognitiven Bildung ist jedoch nur Halbbildung, wodurch sehr viel verloren geht, was für das Menschsein grundlegende personale und soziale Bedeutung besitzt. Hier sei nochmals PESTALOZZI angeführt, der bei einer solchen Halbbildung auch von einem Halbmenschen spricht, wenn nicht Kopf, Herz und Hand miteinander gebildet werden. Die Bildung in der Grundschule erfordert die Berücksichtigung des ganzen Menschen, d. h. seine individuellen Bedürfnisse in allen Entwicklungsdimensionen, wie Motorik, Wahrnehmung, Kognition, Sprache, Soziabilität und Emotionalität, einerseits und die Einbeziehung der veränderten Lebensbedingungen der Kinder in der Familie und ihrer Freizeit andererseits. Es kommt zudem sehr stark auf die Beziehung des Kindes zu den Lerninhalten an: „In Bildung gebracht werden kann ein Lernender nur durch das, was ihn ergreift, was ihm widerfährt. Auf der Seite des Lernenden muss das Ganze seiner Seele dabei sein: Anschauen, Zuhören, zum Zugreifen sich verlocken lassen . . . Dieses ergriffene Ergreifen ist weder sentimental noch passiv, es erfolgt, wenn die menschliche Mitte mitbewegt ist. In solchem ergriffenen Ergreifen der Natur, in der Selbsttätigkeit des Forschens und der dialogischen Besprechung geschieht Bildung als Prozess" (WAGENSCHEIN 1962, S. 115).

Welche Tendenzen derzeitiger gesellschaftlicher Veränderungen sind nun – neben den veränderten Sozialerfahrungen der Kinder – in ihren Auswirkungen auf die Kindheit heute und im Hinblick auf die Notwendigkeit einer Förderung der Sinne gegenwärtig zu beobachten?

- *Veränderte Raumerfahrung*
  Kinder haben immer weniger Gelegenheit, in ihrer Umgebung draußen zu spielen und selbst ihre Nahräume zu gestalten. Dagegen gibt es speziell für sie „fertig eingerichtete" Plätze wie Spielplätze, Erlebnisparks, toll ausgestattete Kinderzimmer usw. Fernere Länder sind hingegen durch Urlaubsreisen näher gerückt.
  Sinneserfahrungen in der Natur, wie das Lauschen auf leise Geräusche, das Betasten oder Besteigen von Bäumen, der Geschmack einer frisch gepflückten Pflaume, der Geruch von Wiesen und nassem Gras, das Balancieren auf Baumstämmen, das Beobachten winziger Käfer usw., werden seltener.

- *Veränderte Zeiterfahrung*
  Im Zusammenhang mit den veränderten Raumerfahrungen hat sich auch die Zeitgestaltung verändert. Spiele „auf der Straße", bei denen sich viele Kinder zufällig treffen und zusammenraufen müssen, werden seltener; dafür nehmen Verabredungen und die Teilnahme an für Kinder angebotenen Kursen (Musik, Sport, Malen) nach festem Terminkalender zu.
  Volle Kalender erschweren jedoch ein beschauliches Sich-Einlassen auf intensive Sinneserfahrungen. Gerade diese könnten ohne Zeit- und Leistungsdruck andere Zugänge zur Welt eröffnen und uns „zeitlos" anrühren, uns spüren lassen, dass wir Menschen mit Leib und Seele und nicht funktionierende Maschinen sind.

- *Veränderte Spielerfahrung*
  Kinder besitzen heute sehr viel Spielzeug, die Auswahl ist riesengroß, doch wenige Materialien lassen eigene Kreativität zu. Die Angebotsfülle in Kinderzimmern geht zudem oft mit einem Mangel an Konzentration auf eine Sache einher.
  Gegenstände, die die Sinnestätigkeit besonders anregen können, werden nach der Kleinkindzeit häufig aus den Kinderzimmern entfernt, obwohl sie auch in späteren Jahren noch ihre Funktion und Berechtigung besitzen.

- *Veränderte Medienerfahrung*
  Kinder verfügen durch Medien über viele Informationen und können oft die kompliziertesten Geräte selbst bedienen; eine erfahrungsbezogene Verarbeitung und Reflexion fehlt jedoch. Sie unterliegen einer optischen und akustischen Überreizung, die anderen Sinne (befühlen, schmecken, riechen, schaukeln, bewegen, . . .) werden hingegen kaum angesprochen.

- *Veränderte Körpererfahrung*
  Kinder verbringen einen Großteil ihrer Zeit sitzend, die Bewegungsmöglichkeiten draußen sind eingeschränkt. Körpererfahrungen ergeben sich eventuell in den vielfältigen Sportangeboten. Obwohl die Gesundheitsversorgung sehr gut ist, häufen sich Allergien und Hyperaktivitäten.
  Die Abnahme freier Bewegung und kindgemäßer Bewegungsformen (schaukeln, hüpfen, sich im Kreise drehen u. a.) hat Konsequenzen für das vestibuläre System, die nicht zu unterschätzen sind.
  Auch die Formen der Nahrungszubereitung haben sich verändert. Zahlreiche Angebote von Fertiggerichten in Lebensmittelgeschäften und wachsende Ketten von Fast-Food-Restaurants werden genutzt und sollen der Zeitersparnis dienen. Die Muße für gemeinsames, abwechslungsreiches Kochen und Essen findet sich häufig nur an Wochenenden. Entsprechende Auswirkungen auf den Geschmackssinn lassen sich gerade bei Kindern beobachten, die z. B. den Geschmack bestimmter Fertig-Fruchtjoghurts als „den typischen Joghurtgeschmack" angeben und diesen selbst zubereitetem vorziehen. Dasselbe trifft auf den jeweiligen (Einheits-)Geschmack von Saucen, Salatdressings, Kuchen, . . . zu.

Bei den einzeln dargestellten Veränderungen, die ineinander übergreifen und ein Gesamtbild einer veränderten Kindheit ergeben, wurde an mehreren Punkten deutlich, dass Kinder heute auf die Förderung der Sinnestätigkeit besonders angewiesen sind. Insgesamt überlagern sich zwei Strömungen: Die Kinder sind einerseits einer Angebotsfülle, einer optischen und akustischen Überreizung ausgesetzt; sie müssen auswählen und „abschalten" können. „Andererseits werden Kindern heute viele Sinneserfahrungen vorenthalten, weil der kindliche Entdeckungsdrang durch Verbote, räumliche und zeitliche Begrenzungen und durch Abstumpfung häufig eingeschränkt wird. Damit stumpft ebenfalls die Fähigkeit der Kinder zu sehen, zu hören, zu riechen, zu schmecken und zu tasten ab" (HOPF 1993, S. 114).

Unmittelbare Erfahrungen mit und an den Dingen, die selbsttätig gemacht werden können und das Kind in seiner ganzen Person im Kontext einer größeren Gruppe ansprechen, sind also grundsätzlich seltener geworden.

Wenn Kinder unter derart veränderten Bedingungen aufwachsen, so bleibt dies nicht ohne Folgen für die pädagogische Arbeit in den Grundschulen. Diese muss sich auf die Veränderungen einstellen, wenn sie ihrem Auftrag gerecht werden will. Im „Landesgesetz für die Schulen in Rheinland-Pfalz" von 1974 wird der Auftrag der Schule insgesamt von dem Recht des Einzelnen auf Förderung seiner Anlagen und Erweiterung seiner Fähigkeiten bestimmt. Dass damit nicht nur kognitive Fähigkeiten gemeint sind, wird in den „Leitlinien für die Arbeit in der Grundschule" (KULTUSMINISTERIUM RHEINLAND-PFALZ 1984) deutlich.

Die Aufgaben der Grundschule – wie sie als Antwort auf veränderte Kindheit gesehen werden müssen – wären demzufolge:

- den Kindern Wege zur *Selbständigkeit* eröffnen, sie ermutigen, aber nicht überfordern und ihnen helfen, sich selbst als unverwechselbare, ganze Person zu finden,
- *soziales Lernen* ermöglichen und die Kooperation der Kinder fördern, die lernen müssen sich zu behaupten, zu verzichten und andere anzunehmen,
- eigene *Raumgestaltung* zulassen und den Lebensraum der Kinder einbeziehen; die Schule nicht nur zur Lern-, sondern auch zur Lebensstätte machen, die gemeinsam gestaltet wird und Raum für Sinneserfahrungen bereithält,
- den Kindern den *Umgang mit der Zeit* vermitteln und dabei Phasen einplanen, in denen sie frei über ihre Zeit nach ihren Interessen verfügen können,
- *Eigentätigkeit* herausfordern, Zusammenhänge deutlich machen und diese im handelnden Umgang an den Dingen und Materialien selbst erfahren lassen,
- *Anschaulichkeit* herstellen und die Kinder möglichst viele Erfahrungen über alle Sinne machen lassen.
- den *ganzen Menschen* ansprechen und die Kinder Bewegung, Kreativität, Musisches, Ruhe und Stille erfahren lassen.

Bei all diesen Punkten muss die Schule sich um eine Beziehung zwischen der Lebenswelt der Kinder und der Institution bemühen.

Fördern in der Grundschule

Nach LICHTENSTEIN-ROTHER (1992) beinhaltet die Neuorientierung im Bildungswesen eine Umstellung von Auslese auf Förderung.

Auch in den „Leitlinien für die Arbeit in der Grundschule" heißt es: „Das Grundschulkind hat Anspruch auf eine angemessene und individuelle Förderung" (KULTUSMINISTERIUM RHEINLAND-PFALZ 1984, S. 16). In Verwaltungsvorschriften wird ebenso ausdrücklich darauf verwiesen, dass das Kind ganzheitlich anzusprechen ist.

Förderung ist also immer auch mit Individualisierung und Differenzierung verbunden um den Interessenlagen, Bedürfnissen und Defiziten der Kinder Rechnung tragen zu können.

BURK (1993, S. 8 f.) vertritt in diesem Zusammenhang folgende Thesen:

„1. Fördern ist eine der zentralen Aufgaben der Institution Schule. (. . .) Jeder Unterricht, jede Schulstufe, jede Schule ist somit ‚Förder-Unterricht‘, ‚Förder-Stufe‘, ‚Förder-Schule‘ bzw. hat den Auftrag, es zu werden. . . .

2. Angesichts der hohen Heterogenität einer Schulklasse kann der Anspruch eines jeden Kindes auf Förderung seiner Anlagen, Begabungen und Neigungen nur eingelöst werden, wenn der Grundsatz der Schule nicht lautet ‚Allen das Gleiche‘, sondern ‚Jedem das Seine‘,. . .

3. . . ., jedes Kind soll mit anderen Kindern zusammen und durch sie gefordert und gefördert werden.

4. Fördern heißt vor allem auch, Kinder zu stärken, ihnen Mut zu machen, ihr Selbstwertgefühl und ihr Selbstvertrauen, ihre Leistungsbereitschaft und ihren Leistungswillen zu stärken. Eine auf Funktionstraining verengte Sichtweise übersieht die Ganzheitlichkeit des kindlichen Lernens und der kindlichen Entwicklung, . . .“.

HOPF (1993, S. 114) stellt unter Einbeziehung neuerer Lerntheorien fest, dass Kinder sich ihre Umwelt nicht vorwiegend in abstrakten Begrifflichkeiten aneignen: „Es sind die mit allen Sinnen gemachten körperlich-sensuellen Erfahrungen, welche die Empfindungen, Einsichten und Erinnerungen bilden und die heranwachsende Persönlichkeit nachhaltig bestimmen. Unter diesem Aspekt zeigt es sich, dass letztlich eine unterentwickelte sinnliche Wahrnehmungsfähigkeit auch den Schulerfolg mit bedingen kann.“

Er sieht einen Zusammenhang zwischen frühzeitiger sinnlicher Abstumpfung und einer geringen Neugierde auf Entdeckung sowie Ängstlichkeit.

Erwachsenenwelt, Stadtlandschaften und Medien beeinträchtigen, wie bereits dargestellt, die Erfahrungsmöglichkeiten in der Sinneswahrnehmung. HOPF (a.a.O., S. 115) befürchtet gar ein Verkümmern der gesamten Persönlichkeit des Kindes: „Untersagte oder nicht eingeräumte Möglichkeiten zur Erfahrung durch alle Sinne wirken sich auf die emotionale, motivationale, intellektuelle und soziale Entwicklung der Kinder in der Regel einschränkend aus.“

Somit ist die Förderung der Sinne eine zentrale Aufgabe, die individualisierend und im sozialen Kontext geschieht, mit dem Ziel, das Kind in seiner ganzheitlichen Entwicklung zu stärken und es zu ermutigen, sich seiner Sinne als erste Quelle seiner Erfahrung bewusst zu werden und sie zu erproben.

Für eine so verstandene Ausbildung und Förderung der Sinne bietet gerade ein offener Unterricht die Möglichkeit, selbsttätig an Dingen und Materialien eigene Sinneserfahrungen zu machen und dies nach eigenen Vorlieben und Schwerpunkten und in eigenem Rhythmus zu tun.

„Die Öffnung der Schule zur Lebenswelt der Kinder und Jugendlichen ist eine Bedingung, unter der die Sinne selbst sich öffnen können, weil sie gebraucht werden. Erst eine solche Voraussetzung kann auch zu ihrer sinnlichen Kritik führen. Gebraucht werden die Sinne auch in einer Bildungstätigkeit, die nicht nur Mittel zum Zeugniserwerb ist, sondern Anstrengung, Leistung und Lust im Hervorbringen eigener Werke" (BECK/WELLERSHOFF 1989, S. 55).

Neben dem eigenständigen Anliegen, die Förderung der Sinne im Unterricht in den Blick zu nehmen, kann die Sinnesförderung unterschiedlichen Lernbereichen, Lehrplaninhalten und Unterrichtsfächern zugeordnet werden. z. B.:

Deutschunterricht: Hörerziehung

Sachunterricht: Riechen, Schmecken, Spiegelung, Schall, Was unser Körper alles kann

Musikunterricht: Hören, Klangerzeuger herstellen

Kunstunterricht: Farbgestaltung, optische Täuschungen, Basteln

Sportunterricht: Bewegungserziehung, Gleichgewichtsübungen

Wie nun der gezielte Einsatz geeigneter Materialien und die Gestaltung der Lernumgebung besonders zur Förderung der Sinne beitragen können, wird im letzten Kapitel dieses Bandes aufgezeigt.

Wahrnehmung und Schulleistung

Die Komplexität und Sensibilität der Konstruktion Wahrnehmung wurde in den bisherigen Kapiteln eingehend dargestellt. Daraus können wir ableiten, dass das System Wahrnehmung mit den Teilsystemen der visuellen, auditiven und der taktil-kinästhetischen Wahrnehmung im Rahmen der kindlichen Entwicklung in den ersten Lebensjahren sehr störanfällig ist. Bei Auffälligkeiten in der kindlichen Wahrnehmung stellen wir im letzten Kindergartenjahr, aber in noch stärkerem Umfang im Anfangsunterricht der Grundschule fest, dass diese auch auf andere Entwicklungsdimensionen und Leistungsbereiche ausstrahlen. Negative Auswirkungen haben solche Auffälligkeiten insbesondere auf die Sprache und das Sprechen des Grundschulkindes. Darüber hinaus erwachsen daraus auch Probleme beim Erwerb der Schriftsprache und möglicherweise auch im Fach Mathematik. Die bekannten schulischen Phänomene, die den Lehrern im Anfangsunterricht didaktisch-methodisch Schwierigkeiten bereiten, sind die Leserechtschreibschwäche (Legasthenie) und die Rechenschwäche (Dyskalkulie).

Wahrnehmungsauffälligkeiten und Sprache und Sprechen
Die mehrdimensionale Entwicklung und der dynamische Prozess kindlicher Sprachaneignungsprozesse müssen heute nicht mehr nachgewiesen werden. Die Spracherwerbsprozesse werden nicht als isolierte Vorgänge betrachtet, sondern sind das Produkt einer universellen Entwicklung motorischer, sensorischer, kognitiver, sozialer, emotionaler und kommunikativer Systeme. So hat z. B. AFFOLTER

(1975) in Anlehnung an die Forschungen PIAGETS ein Entwicklungsmodell der Sprache und ihrer Vorprozesse erarbeitet, wobei die sensomotorischen Prozesse, also die Motorik und die Wahrnehmung, in engster Wechselwirkung eine wichtige Rolle spielen. Die bisher im Bereich der gesprochenen Sprache gemachten Annahmen und vorliegenden wissenschaftlichen Erkenntnisse – hierzu hat der Verfasser eigene Untersuchungen in den achtziger Jahren durchgeführt (vgl. GÜNTHER 1988) – führen zu dem Resultat, dass die Wahrnehmung in all ihren Ausprägungen und Entwicklungsmöglichkeiten als Voraussetzungs- und Basisfunktion für die Lautsprache eine zentrale Rolle spielt. Die Lautsprache setzt arbeitsfähige Sinnesorgane voraus, sodass das Kind Kontakt zur Umwelt aufnehmen kann, und damit es die gesprochene Sprache erwerben kann, muss es auf der sensomotorischen Ebene ein bestimmtes Niveau erreicht haben. Der Auf- und Ausbau des Systems Sprache verläuft in einer hierarchischen Abfolge mit komplexem Charakter (vgl. BREUER/WEUFFEN 1993), wobei die Störanfälligkeit dieses Systems ganz entscheidend von der Entwicklung und dem erreichten Niveau der Wahrnehmung abhängt. AFFOLTER (1975) sieht in frühen Wahrnehmungsstörungen somit die Ursache für viele Sprachentwicklungsstörungen, die alle in einer späteren Entwicklungsphase wieder in Erscheinung treten können, so z.B. beim Erlernen des Lesens und des Schreibens oder einer Fremdsprache. Dieser direkte Zusammenhang zeigt sich in der alltäglichen Praxis immer wieder auch darin, dass viele Kinder gleichzeitig wahrnehmungs- und sprachauffällig sind. Damit sind die Ursachen von Sprachauffälligkeiten nicht nur innerhalb des Systems Sprache, sondern auch im Bereich der Wahrnehmung zu suchen. Hier nimmt die auditive Wahrnehmung bezüglich der Lautsprache eine dominante Stellung ein. Eigene Untersuchungen in den Bundesländern Bayern, Rheinland-Pfalz und Saarland belegen, dass sprachauffällige Kinder – gemeint ist hier die Gruppe der Kinder mit Problemen in der Aussprache (Stammeln) und in der Satzbildung (Dysgrammatismus) – durchweg signifikant schlechtere auditive Leistungen erbringen als normal sprechende Kinder (vgl. GÜNTHER/GÜNTHER 1988). Die sprachauffälligen Kinder haben vor allem in den Bereichen der auditiven Aufmerksamkeit, der auditiven Diskrimination, der auditiven Analyse, der auditiven Synthese und der auditiven Sequenz mehr Schwierigkeiten als die normal sprechenden Kinder. Man kann auf der Grundlage dieser Untersuchungen davon ausgehen, dass Ausmaß und Grad der sprachlichen Auffälligkeiten den Defiziten im Bereich der auditiven Wahrnehmung entsprechen. In diesem Zusammenhang kommt also der auditiven Wahrnehmung eine Schlüsselstellung in ihrer vorbereitenden Funktion für den Erwerb der Sprache zu. Obgleich im Rahmen des gesamten Kommunikationsprozesses das auditive System mit den anderen Teilsystemen in engster Wechselwirkung steht, stellen auditive Wahrnehmungsfunktionen für den Spracherwerb sogenannte Basalfunktionen und Brückenleistungen dar. Das intakte Funktionieren der auditiven Wahrnehmung ist somit eine äußerst wichtige Vorbedingung für den Erwerb der Lautsprache (vgl. BAUER 1988). Für den in der

Grundschule tätigen Pädagogen bedeutet dies, dass begründet an eine Auffälligkeit im Bereich der Wahrnehmung zu denken ist, falls bei einem Kind

- eine erhebliche Verzögerung im Bereich der Sprache und des Sprechens festzustellen ist (d. h. wenn z. B. ein Sechsjähriger den Sprachstand eines Vierjährigen zeigt),
- ein hartnäckiges Stammeln vorliegt (d. h. die auftretenden Schwierigkeiten bei der Aussprache von bestimmten Lauten lassen sich im Verlauf der ersten beiden Grundschuljahre trotz intensiver logopädischer Behandlung nicht beheben),
- ein dauerhafter Dysgrammatismus zu beobachten ist (d. h. die Probleme bei der Bildung von Sätzen im Bereich der Muttersprache sind zum einen gravierend und zum anderen in der Grundschulzeit nicht zu beheben),
- anhaltende Konzentrationsstörungen vorliegen (d. h. das Kind fällt im Unterricht durch permanentes Stören, durch wiederholte Unaufmerksamkeit und äußerst zappeliges Verhalten auf).

Bei derartigen Sprachstörungen sind Wahrnehmung, Verarbeitung, Speicherung oder die Produktion von Sprache beeinträchtigt, wobei die Sprechwerkzeuge (Lippen, Zähne, Zunge, Kehlkopf, Stimmbänder usw.) stets intakt sind. Es sind die Struktur und das Niveau der Sprache betroffen, was sich in einem unzureichenden Wortverständnis und nicht altersgemäßen Wortschatz zeigt, in einer eingeschränkten Fähigkeit, sich in sprachlicher Form auszudrücken und die Sprache in grammatikalisch korrekter Art und Weise zu gebrauchen (vgl. SCHMIDT/SCHNEIDER 1988). Daher muss der Blick des Grundschullehrers bei solchen Auffälligkeiten im Bereich der gesprochenen Sprache für die Wahrnehmung und hier besonders für die auditive Wahrnehmung geschärft werden. Er muss zudem in der Lage sein, Eltern und Kollegen entsprechend zu informieren und zu beraten sowie in Absprache mit den betroffenen Eltern weitergehende diagnostische Maßnahmen und eine gezielte Therapie in die Wege zu leiten, sofern er hinsichtlich seiner eigenen Möglichkeiten im Rahmen des Unterrichts überfordert ist (vgl. GÜNTHER 1995).

Wahrnehmungsauffälligkeiten und Schreiben und Lesen

Das Kind erwirbt die Sprache nicht isoliert, sondern durch komplizierte Lernprozesse, die sich als sprachtragende Konstrukte von Wahrnehmungen über alle Sinnesmodalitäten entwickeln (vgl. MEIXNER 1990). Störungen im Wahrnehmungsbereich ziehen aber nicht nur eine Beeinträchtigung der Lautsprache, sondern auch der Schriftsprache nach sich. Dieser direkte Zusammenhang zeigt sich in der alltäglichen Praxis der Grundschule darin, dass viele Kinder gleichermaßen wahrnehmungsauffällig, sprachauffällig und auch leserechtschreibschwach sind. Dabei kann man immer wieder von neuem die Erfahrung machen, dass eine Leserechtschreibschwäche selbst dann noch weiter bestehen bleibt, wenn die Störungssymptome in der Lautsprache abgebaut sind. In diesen Fällen sind weiterhin die Basalfunktionen gestört bzw. wurden diese Störungen aufgrund der durchgeführten Behandlung nicht erkannt und behoben. Dies betrifft gehäuft sprachauffällige Kinder mit Wahrnehmungsstörungen im auditiven Bereich, wobei deren periphere Hörleistungen (Ohren) in Ordnung sind. In diesem Zusammenhang muss die zentrale Bedeutung der auditiven Wahrnehmung in ihrer vorbereitenden Funktion nicht nur für den Erwerb der Lautsprache, sondern auch für das Erlernen von Lesen und Schreiben hervorgehoben werden:

Zur Entwicklung der geschriebenen Sprache lässt sich in dem bereits vorgestellten Ansatz von AFFOLTER (1975, 1985) aufzeigen, wie es über den stufenweisen Aufbau von zunächst elementaren Wahrnehmungsfunktionen und -leistungen intra- und intermodaler Art über die Stufe der serialen Integration zur Entwicklung vorsprachlicher, lautsprachlicher und schließlich schriftsprachlicher Leistungen und Fähigkeiten kommt (vgl. auch MILZ 1988). Aufgrund des lautsprachlichen Charakters unserer Schriftsprache müssen grundlegende Aspekte der Beziehung zwischen der Laut- und der Schriftsprache ebenfalls in den Vordergrund gerückt werden. Dazu gehört auch, dass das Kind im Anfangsunterricht die komplexen Regeln lernt und versteht, nach denen die von uns wahrgenommenen und produzierten phonetischen Einheiten mit abstrakten Symbolen oder Buchstaben zusammenhängen. Probleme bereiten hier insbesondere nicht lauttreue Buchstaben bzw. Buchstabengruppen, wie z.B. die Gruppe der Zischlaute (x, z, ch, sch). Für das Lesen und Schreiben sind vor allem zwei Aspekte von Bedeutung: Das geschriebene Wort Mama ist eine Modellkonstruktion der Lautform des gesprochenen Wortes Mama. Und: Das gesprochene Wort ist durch die Verschmelzung bzw. Synthese der einzelnen Laute (Phoneme) wie M, a, m, a zu einem korrekten Wortklang Mama gekennzeichnet. Wir können also festhalten, dass die Schriftsprache auf folgenden Voraussetzungen aufbaut (vgl. KALKOWSKI 1989):

- Sprachlicher Entwicklungsstand
- Sensomotorische Wahrnehmungsleistungen
- Symbolische Fähigkeiten
- Präliterale Erfahrungen
- Graphomotorischer Entwicklungsstand

Daraus lässt sich ableiten, dass der Schriftspracherwerb nicht erst mit dem Anfangsunterricht in der Grundschule einsetzt, sondern ein lang andauernder Entwicklungsprozess ist, vor allem auch von lautsprachlichen und sensomotorischen Fähigkeiten des Kindes. Daher ist es dringend angezeigt, dass der aufnehmende Grundschullehrer bei vermuteten Wahrnehmungsauffälligkeiten intensive Gespräche mit den Eltern und den Erziehern des Kindergartens führt, wie es ja auch in den Leitlinien für die Arbeit in der Grundschule in den einzelnen Bundesländern gefordert wird.

Beim Erstlesen handelt es sich nun um die erste grundlegende systematisierte und organisierte Begegnung eines Kindes mit dem System der Schriftsprache. Dabei werden im einzelnen folgende Leistungen verlangt:
Hinsichtlich des Schreibens geht es darum, den Klang des gehörten Wortes in einzelne Laute zu zerlegen, d. h. eine Analyse der Phoneme vorzunehmen.
Hinsichtlich des Lesens wird die Fähigkeit verlangt, die einzelnen Laute zum Wortklang zu verschmelzen, d. h. eine Synthese der Phoneme vorzunehmen.
Die Kinder müssen also in der Lage sein, über die gelernten Graphem-Phonem-Korrespondenzen die richtigen Laute zu den einzelnen Buchstaben auszuwählen und sie dann zu einem korrekten und sinnvollen Wortganzen zu synthetisieren.
Diese Fähigkeiten, Phoneme bewusst zu synthetisieren und – umgekehrt – die Wörter in einzelne Laute zu analysieren, wurde von LEWKOWICZ (1980) als „Phonemische Bewusstheit" bezeichnet. In dieser Fähigkeit liegt für den Schulanfänger der Schlüssel zum Schriftspracherwerb. In der angloamerikanischen Literatur und Forschung hat sich der Begriff der „Phonologischen Bewusstheit" durchgesetzt (SHAYWITZ 1997). Wir wissen nun aber auch, dass nicht alle Schulanfänger diese so wichtige Fähigkeit des Einzellautbewusstseins mit in die Grundschule bringen; daher ist eine entsprechende Hörerziehung, wie sie in einigen Lehrplänen einzelner Bundesländer gefordert wird, eine wichtige Voraussetzung und Ergänzung zum Leselehrgang in der ersten Klasse. Wir können festhalten, dass die Bedeutung der phonologischen Bewusstheit für das Lesen- und Schreibenlernen in der internationalen wie nationalen Forschung unumstritten ist. In dem aktuellen Beitrag von SHAYWITZ (1997) „Legasthenie – gestörte Lautverarbeitung" verweist die Autorin auf die bahnbrechenden Forschungsarbeiten von BRADLEY/BRYANT sowie auf die späteren Arbeiten von BLACHMAN, TORGESEN und FORORMAN. Immer wieder wird in diesen Arbeiten betont, dass nicht so sehr die allgemeine sprachliche Förderung, sondern ein spezifisches Training der Analyse und Synthese von Lauten das Lesen- und Schreibenlernen fördert. Keine andere Teilleistung korreliert so hoch mit dem Schriftspracherwerb wie die Fähigkeit des Kindes, die gesprochene Sprache in lautliche Elemente gliedern zu können (vgl. SCHEERER-NEUMANN 1996).
Aufgrund dieser Forschungsergebnisse zum Zusammenhang von Wahrnehmung, Lautsprache und Schriftsprache haben sich mehrere Lernprozessebenen als besonders wichtig für das Lesen und Schreiben eröffnet (vgl. BLUMENSTOCK 1983).
Die Kinder sollen nach diesem Ansatz:
- Einsicht in das phonematische Grundprinzip der Schriftsprache gewinnen,
- Beziehungen zwischen Laut- und Schreibschrift herstellen,
- die Sprache akustisch-sprachlich durchschauen und differenzieren,
- einen Einblick in die klangliche Struktur des Wortes gewinnen.
Versucht man nun diese Problemzonen des Schriftspracherwerbs nach konkreten Zugriffsweisen zu ordnen, so ergeben sich nach BLUMENSTOCK folgende vier

Therapiefelder, die für die Aneignung der Schriftsprache von erhöhter Bedeutsamkeit sind:

1. die Fähigkeit, Laute, Wörter und Sätze korrekt aussprechen zu können,
2. die Fähigkeit, einzelne Laute voneinander und innerhalb eines Wortes unterscheiden zu können,
3. die Fähigkeit, die Position der Laute (An-, In oder Auslaute) innerhalb eines Wortes angeben zu können,
4. die Fähigkeit, einzelne Laute zu einem klanglich korrekten und sinnvollen Wort verbinden zu können.

Aufgrund des engen Zusammenhangs von Wahrnehmung, Laut- und Schriftsprache und den eben aufgezeigten Problemzonen des Schriftspracherwerbs wird die zentrale Bedeutung der sprachlich-auditiven Fähigkeiten für das Lesen und Schreiben deutlich. In dem Buch von BLUMENSTOCK „Handbuch der Leseübungen" (1983) finden sich zahlreiche Vorschläge und Materialien zur Gestaltung des Erstleseunterrichts mit dem Schwerpunkt im sprachlich-akustischen Bereich.

Wahrnehmungsauffälligkeiten und Rechnen

Wir können davon ausgehen, dass mathematisches Denken andere Leistungen und Fähigkeiten voraussetzt als das Lesen und Schreiben. Dennoch können wir festhalten, dass alle geistigen Operationen die Prozesse des Aufnehmens, des Verarbeitens, des Speicherns und des Abgebens von Informationen erfordern. Die Integration der einzelnen Sinnesmodalitäten zu komplexen funktionellen Systemen (vgl. RADIGK 1990) und das Zusammenspiel vielfältiger Wahrnehmungsvorgänge ist daher auch die Grundlage für das mathematische Denken und Operieren. Um das Rechnen in der Grundschule von Anfang an zu lernen, muss das Gehirn mit den verschiedenen Sinnen (Gleichgewichtssinn, Bewegungssinn, Berührungssinn, Seh- und Hörsinn) durch sensorische Integration optimal arbeiten. Bei der Durchführung mathematischer Operationen können jedoch nach GRISSEMANN/WEBER (1982) eine Reihe von Blockierungen, Hemmnissen und Störfaktoren auftreten:

- mangelnde Fähigkeit der operativen Flexibilität,
- visuell bedingte Probleme dabei, die bildliche Vorstellung in arithmetische Formen umzusetzen (z. B. Umdrehen von Zahlen , Verwechseln von ähnlichen Zahlen, falsches Abschreiben, Verwechseln der Symbole > und < usw.),
- Einschränkung des visuell-räumlichen Erkennens,
- auditive Kurzspeicherschwäche (Zahlenreihen und Zwischenergebnisse beim Kopfrechnen oder der schriftlichen Addition und Subtraktion, Regeln, Formeln und Axiome werden z. B. vergessen),
- Einschränkung der akustischen Diskrimination klangähnlicher Zahlwörter,
- gestörte akustische Zuordnung der gehörten Zahl zum Zahlzeichen,
- ungenaues Hören von Zahlen,
- Richtungsstörungen im Umgang mit Ziffern,

- eingeschränkte Wahrnehmung zeitlicher und räumlicher Abfolgen (Reihenfolge von Teilschritten, Zahlenbezeichnungen, Zahlenfolgen),
- Unfähigkeit, mathematische Symbole zu kodieren bzw. zu dekodieren, d. h. Schwierigkeiten beim Sprachverständnis („Gib mir die roten quadratischen und die blauen runden Plättchen"),
- Schwierigkeiten bei der Lesedekodierung beim Lösen von Textaufgaben,
- graphomotorische Beeinträchtigungen beim Zahlenschreiben,
- erhebliche Konzentrationsmängel.

Fasst man diese Sammlung von Störquellen zusammen, so stellt man fest, dass die Fähigkeit der Wahrnehmung – insbesondere die visuelle und akustische Wahrnehmung – und die der Reproduktion von räumlichen und zeitlichen Abfolgen wichtige Voraussetzungen für das Rechnen sind. Die Schwierigkeit in der Wahrnehmung räumlicher und zeitlicher Abfolgen zeigt sich im Umstellen und Verdrehen von Zahlen. Am eindrücklichsten wird der Zusammenhang zwischen der Wahrnehmung und dem Rechnen an häufigen Rechenschwierigkeiten deutlich. Die Rechenschwäche – in Fachkreisen spricht man auch von der Dyskalkulie – ist ebenso wie die Leserechtschreibschwäche ein Problembereich im Grundschulunterricht. Die Einschätzungen über die Anzahl rechenschwacher Kinder in der Grundschule schwanken zwischen 6 % (vgl. LORENZ 1991) und 13 % (vgl. GRISSEMANN 1990). Einen relativ umfassenden Überblick über die Bestimmung der Rechenschwäche liefert GRISSEMANN/WEBER (1982) mit seinen vier Definitionen. Die erste Definition bestimmt die Rechenschwäche als Teilleistungsstörung bei mindestens durchschnittlicher Intelligenz. Die zweite Definition umschreibt die Dyskalkulie als partielles Underachievement auf jeder Intelligenzstufe. Die dritte Bestimmung versteht die Dyskalkulie als ein akzentuiertes Rechenversagen im Schulleistungsbereich und in der vierten Festlegung wird die Rechenschwäche als ein Versagen im Rahmen eines allgemeinen Underachievement verstanden, d. h. die schwachen Leistungen im Rechnen decken sich mit den schwachen Leistungen in anderen Fächern, wie z. B. dem Lesen und Schreiben, widersprechen aber den Erwartungen aufgrund der hohen intellektuellen Begabung. Diese schwachen Leistungen beinhalten auch Gedächtnis- und Wahrnehmungsleistungen (vgl. LOBECK 1992).

In den letzten Jahren sind wir für diese Teilleistungsstörungen sensibler geworden, doch die einschlägige Literatur und die entsprechenden Forschungen auf diesem Gebiet stecken noch in den Kinderschuhen und die bisher vorliegenden Forschungsergebnisse sind noch wenig verbreitet. Daher ist kaum einem Grundschullehrer oder gar einem Fachlehrer für Mathematik dieses Phänomen der Rechenschwäche – bei normaler intellektueller Befähigung – weder von der universitären Lehrerausbildung noch von Fortbildungsveranstaltungen her bekannt. So bereitet es vielen Pädagogen erhebliche Schwierigkeiten, mit der Rechenschwäche adäquat umzugehen. Wer im Fach Mathematik nicht mitkommt, muss in den Förderunterricht. Wer dann noch weiterhin Probleme in diesem Fach hat, wird in die Gruppe der „mathematisch Unbegabten" eingeordnet. Wenn man sich aber die Mühe macht und die Rechenschwierigkeiten genauer analysiert, so fällt auf, dass Kinder mit durchschnittlicher intellektueller Begabung, ja sogar mit hoher intellektueller Befähigung im rechnerischen Denken, mit vielen Rechenoperationen Schwierigkeiten haben können und blockieren (vgl. FIRNHABER 1996). Die Rechenschwäche kann isoliert oder aber im Kanon verschiedener anderer Problembereiche auftreten, wie z. B. im Zusammenhang mit einer Leserechtschreibschwäche. Von einer umschriebenen Rechenschwäche wird dann gesprochen, wenn eine Fehlentwicklung der Rechenfähigkeit vorliegt, die nicht durch eine generelle intellektuelle Behinderung oder durch unzureichende schulische Förderung erklärt werden kann (vgl. SCHMIDT/SCHNEIDER 1988). Natürlich gibt es in jeder Grundschulklasse Kinder, die schlecht rechnen, doch in den wenigsten Fällen handelt es sich um eine umschriebene Rechenschwäche. Die Mehrzahl der schlechten Rechner verfügt über eine reduzierte Intelligenz, in den verbleibenden Fällen handelt es sich um eine Vielfalt an Störungsbildern, die oft nicht genau zu analysieren, zu beschreiben und zu erklären sind.

Rechenschwache Kinder haben nun oft auch Wahrnehmungsauffälligkeiten. MILZ (1993) betrachtet die Rechenschwäche in ihrem Buch „Rechenschwächen erkennen und behandeln" unter dem neuropsychologischen Blickwinkel und weist ausdrücklich auf die Bedeutsamkeit der visuellen und taktil-kinästhetischen Wahrnehmung für die Entwicklung des mathematischen Denkens hin. Die Autorin stützt sich dabei auch auf die bereits dargestellte Konzeption von AFFOLTER. MILZ nimmt an, dass wahrnehmungsauffällige Kinder auch Schwierigkeiten im mathematischen Denken haben und Kinder mit Rechenstörungen möglicherweise auch Probleme in der sensomotorischen Entwicklung. LOBECK (1992) und MILZ (1993) gehen in diesem Zusammenhang in ihren Veröffentlichungen sowohl auf die diagnostischen Möglichkeiten als auch auf die therapeutischen Interventionen anhand von Falldarstellungen ein. Weitere Forschungsergebnisse zu dieser Thematik finden sich bei JOHNSON/MYKLEBUST (1980), SCHENK-DANZINGER (1984), RADATZ/SCHIPPER (1983) und KOBI (1982).

Dieses Kapitel sollte verdeutlichen, dass Sprachauffälligkeiten, Leserechtschreibschwächen oder auch Rechenschwächen oft nur die Spitze eines Eisberges sind, der sich bei genauerem Hinsehen als beeinträchtigte Wahrnehmungsfähigkeit entpuppt. Der vielfach zu hörende Satz „Das wächst sich im Laufe der Zeit schon aus." darf deshalb so nicht akzeptiert werden. Zwar verschwinden manche Auffälligkeiten ohne gezielte Therapie und Förderung, doch die Gefahr ist groß, dass sich das betroffene Kind unter großen Anstrengungen Kompensationsmechanismen aneignet um seine Probleme zu meistern bzw. zu kaschieren.

Allgemeine pädagogische Ansätze zur Förderung der Sinne

Nicht nur Physiologen, Psychologen, Therapeuten, Mediziner, Architekten und Philosophen haben sich mit dem „Sinn der Sinne" beschäftigt, sondern auch Pädagogen sehen in der ganzheitlichen Erziehung und der Förderung der Sinne eine wichtige Aufgabe. Bildung bezieht sich auch auf die Unterstützung von Körper, Seele und Geist. Dies ist eine Sichtweise, die in vielen Schulen (noch?) vernachlässigt wird. Die Überbetonung des kognitiven Aspekts ist häufig so gravierend, dass er die „eigentliche Bildung" und „richtige Schule" auszumachen scheint. Doch setzen sich gerade in der Grundschule heute viele Pädagogen mit der Forderung nach einer kindgerechteren Schule auseinander, in der das Kind ganzheitlich angesprochen wird.

Das Montessori-Material

In der Reformpädagogik, die allerdings unter anderen gesellschaftlichen Realitäten als den unseren Verbreitung fand, wurde bewusst ein Gegenpol zur verkopften Bücherschule gesucht, der den ganzen Menschen ansprechen sollte. Um die Jahrhundertwende konnten unmittelbare Erfahrungen in der Kindheit zwar noch eher vorausgesetzt werden. Dennoch war für die reformpädagogischen Ansätze die Entfaltung der Sinne ein wesentliches Thema. Gerade die italienische Ärztin MONTESSORI (1870–1952) stellte explizit die Bedeutung von Sinnesmaterialien für die Entwicklung des Kindes heraus und ließ Kinder im Umgang mit den Materialien selbsttätige Sinneserfahrungen machen. Die Erziehung der Sinne, als Bedingung für die intellektuelle Entwicklung, steht im Zentrum ihrer Pädagogik, d. h. nach Beobachtung der sensomotorischen, intellektuellen und moralischen Entwicklung kann dem Kind für die jeweils vorherrschende Entwicklungsphase in einer vorbereiteten Umgebung geeignetes Material zur Förderung der Leib-Seele-Einheit angeboten werden.

Über die ersten Absichten ihrer Arbeit im Montessori-Kinderhaus in Rom, die dann über die Entdeckung des „Montessori-Phänomens" und die Erfolge in der Erziehung der Kinder zu einer „Methode" wurden, führt sie aus: „Was ich mir vorgenommen hatte, war einfach dies: eine systematische Erziehung der Sinne zu versuchen und die allfälligen verschiedenen Reaktionen normaler und schwachsinniger Kinder zu studieren; vor allem aber schien es mir interessant, mögliche

Übereinstimmungen zwischen Reaktionen jüngerer Normaler und älterer Schwachsinniger festzustellen" (MONTESSORI 1994, S. 123).

Nach ihrer Theorie gehen physische, psychische und geistige Entwicklung ineinander über: „Es ist sehr wichtig, dass das Kind in die Lage kommt, Eindrücke zu sammeln und klar und geordnet zu behalten, denn das Ich baut die eigene Intelligenz mittels der sensitiven Kräfte auf, die seine Energie leiten" (a.a.O., S. 102).

Das Montessori-Material hat die Funktion, die Sinneserfahrungen zu ordnen. Es wird auch als „materialisierte Abstraktion", „Schlüssel zum Universum", „Weg zur Kultur" bezeichnet. Die Sinneserziehung erfolgt in jeweils drei Schritten: Im Erkennen von Gleichheiten, im Herausstellen der Kontraste und im Unterscheiden zwischen sehr ähnlichen Gegenständen. Die Materialien besitzen eine eingebaute materialisierte Fehlerkontrolle. Es werden einzelne Eigenschaften bewusst isoliert verändert, während andere Merkmale des Materials gleich bleiben um damit Grundbegriffe des Denkens zu legen. Das Material ist nach mathematischen Gesetzmäßigkeiten geordnet und nach Größe, Farbe, Beschaffenheit, Geruch, Geschmack, Gehör und Form unterteilt und lässt dabei wenig Spielraum für Abwandlungen und kreative Erfahrungen. Es dient als Schlüssel zur Erschließung der Welt. Die vorgegebene Ordnung im Material lenkt den Erziehungsprozess, da „alles Sein geordnetes Sein ist". Dabei greifen Persönlichkeitsentwicklung und Intelligenzförderung ineinander über, denn das Kind muss sich im Beobachten üben, Vergleiche anstellen, Urteile bilden. Dies führt zur Selbsterziehung. Die Kinder sind dabei von ihren eigenen Erfahrungen so fasziniert, dass sie sie immer wieder wiederholen möchten: „Mein Unterrichtsmaterial schien dem Schlüssel zum Aufziehen einer Uhr zu gleichen: Man dreht ihn ein paarmal und die Uhr läuft lange Zeit selber; hier aber war das Kind, das, nachdem es gearbeitet hatte, stärker und geistig gesünder als vorher" (a.a.O., S. 120).

Folgende Kriterien gelten für das Material:

- Begrenzung (Es wird bei einem Material immer nur ein Abstraktionsschritt vollzogen, auf den der nächste aufbaut.)
- Ästhetik (Das Material ist so gestaltet, dass es die Kinder anspricht und somit einen hohen Aufforderungscharakter besitzt.)
- Aktivität (Im handelnden Umgang mit den Materialien organisieren die Kinder ihre Intelligenz durch Aktivität.)
- Materialimmanente Fehlerkontrolle (Das Kind erlangt Unabhängigkeit von äußerer Bewertung, da im Material selbst deutlich wird, ob die Ordnung richtig hergestellt wurde.)

Diese Kriterien gelten auch für das Montessori-Material, das für Lernbereiche des Grundschulunterrichts (z. B. Sprache, Mathematik) und für weiterführende Schulstufen entwickelt wurde.

Die anthroposophische Sinneserziehung

In den letzten Jahren hat sich das Konzept der Waldorfpädagogik in der Bundes-republik Deutschland im Bereich der Privatschulen immer mehr durchgesetzt. Wir erleben zur Zeit einen regelrechten „Waldorfboom", was sich in der Gründung neuer Kindergärten und Schulen niederschlägt. Für die staatliche Grundschule und die darin unterrichtenden Lehrkräfte ist es möglicherweise eine Anregung, sich mit dem Gedankengut und dem Konzept der Waldorfpädagogik intensiv und kritisch auseinanderzusetzen um inhaltliche und methodische Anleihen machen zu kön-nen.

In der von dem Österreicher STEINER (1861–1925) begründeten Waldorfpäda-gogik wird die Sinnestätigkeit als Ausgangspunkt aller Bildungsprozesse betrach-tet, wobei Bildung definiert wird als ein ganzheitlicher Vorgang, bei dem Geist, Körper und Seele durch die Sinnestätigkeiten miteinander verknüpft werden. STEINER gründete 1919 die erste Waldorfschule in Stuttgart. Im Zentrum seiner Bestrebungen steht das anthroposophische Menschenbild. Der Begriff Anthropo-sophie kommt aus dem Griechischen und bedeutet „Menschenweisheit" oder „Weisheit über den Menschen". Die Anthroposophie betrachtet den Menschen als „Bürger dreier Welten": Der Mensch besteht aus Leib, Seele und Geist und gehört nicht nur der physischen, sondern auch der seelischen und geistigen Welt an. Die physische Welt nimmt der Mensch mit seinem eigenen Körper wahr, mit seinen Sinnen, die seelische und geistige Welt über Meditation und Konzentrationsfähig-keit. Hieraus ergibt sich für STEINER eine dreistufige sich epochenweise vollzie-hende Entwicklung des Menschen im Kindes- und Jugendalter:

1. Stufe (0 bis 7 Jahre): Im Mittelpunkt steht der physische Leib; hier ist das Kind vorrangig mit seinem eigenen Körper beschäftigt. Das Kind benötigt auf dieser Stufe vielfältige Angebote und fantasieanregendes Spielzeug um zu einer gesun-den körperlichen Entwicklung zu gelangen. Die Vorbildfunktion des Pädagogen spielt hier eine ganz entscheidende Rolle.

2. Stufe (8 bis 14 Jahre): Im Vordergrund steht der Ätherleib; auf dieser Stufe ent-wickeln sich Charakter, Gewissen, Gedächtnis, Neigungen, Temperament sowie allmählich das Seelen- und Gefühlsleben. Hier leistet die Eurhythmie (griechisch: eu = schön, rhythmos = Rhythmus und rheo = fließen), d. h. die rhythmische Bewe-gungserziehung, wichtige Hilfestellungen. In der Waldorfpädagogik hat daher der Gleichgewichts- und Bewegungssinn eine große Bedeutung. Da sich das Gefühl besonders durch die Pflege des Schönheits- und Kunstsinnes entwickelt, wird in diesem Konzept auch großer Wert auf den künstlerischen Unterricht gelegt.

3. Stufe (15 bis 21 Jahre): Auf dieser Stufe wird der Astralleib geboren; eine Reihe von Empfindungen wie Schmerz, Lust, Leidenschaft, Trieb und Freude entwickeln sich.

Jeder Mensch kann nach STEINER durch diese Entwicklung zur Erkenntnis der höheren Welten gelangen und das Übersinnliche beobachten. Die Anthroposophie will über die Methoden und Prinzipien der Konzentration, Meditation und Imitation zur unsichtbaren Welt in und um den Menschen führen, die eben durch die Sinne nicht erfasst werden kann. Deshalb müssen die Erkenntniskräfte unter Berücksichtigung des ganzen Menschen geschult und gefördert werden. Die Bildung des ganzen Menschen wird somit zum Hauptziel bei Steiner. Um dieses Ziel erreichen zu können muss das Kind in seiner Sinnes- und Wahrnehmungswelt gefördert werden. Daher nimmt die Bildung und Förderung der Sinne in der Waldorfpädagogik einen hohen Stellenwert ein. Der Erzieher findet in diesem Konzept kein klar strukturiertes Förderprogramm, sondern er muss vielmehr erlebnisreiche Angebote machen, an denen sich jedes Kind auf seine Art und Weise beteiligen kann. Über die Nachahmung eignet sich das Kind das an, was es für seine persönliche Entwicklung braucht. Daher ist ein breit gefächertes Angebot an Anregungen und Erfahrungsmöglichkeiten notwendig sowie ausreichend Zeit, damit sich das Kind mit dem dargebotenen Sinnesmaterial auseinandersetzen kann. Ein weiterer Schwerpunkt für die Arbeit im Kindergarten und in der Schule ist das Erleben des Jahreskreislaufs, wobei die Kinder das Zusammenwirken der vier Elemente Erde, Wasser, Feuer und Luft auf spielerische Weise mit allen Sinnen erleben sollen. Die Kinder spielen mit Lehm und Sand, formen mit Hilfe des Wassers den Lehm, erleben die Wärme und Kraft des Feuers und erfahren den Wind z.B. beim Spiel mit Drachen. Das Kind ist stets mit allen Sinnen hellwach und saugt alle Sinneseindrücke in sich auf. Es wird in der Waldorfpädagogik als ein Sinnes- und Wahrnehmungswesen betrachtet, das wenig künstlich hergestelltes Spielzeug oder gar Bilderbücher benötigt, aber sehr viele Naturmaterialien braucht um zu spielen und seine Fantasie und Kreativität zu entwickeln (vgl. INTERNATIONALE VEREINIGUNG DER WALDORF-KINDERGÄRTEN 1990). In diesem Konzept wird die Sinnestätigkeit als zentraler Ansatzpunkt aller Bildungsvorgänge betrachtet. Bildung wird verstanden als ein ganzheitlicher Vorgang, in dem Körper, Geist und Seele durch die einzelnen Sinne miteinander verknüpft werden. Vor allem die Eurhythmie bietet – auch für die Regelschule – wichtige Fördermöglichkeiten: Als Ergänzung zum Turn- und Sportunterricht, in dem es vornehmlich um die körperliche Ertüchtigung geht, erfasst die Eurhythmie in ihrer Bewegungsart den ganzen Menschen. Sie ist eine Bewegungskunst, die entweder von Musik begleitet wird oder es werden dazu Gedichte rezitiert, d.h. es werden Laute, Wörter, Sätze, Texte, Gereimtes oder Musikalisches in Bewegungen übertragen. Die Eurhythmie geht nicht wie die Pantomime vom Inhaltlichen aus, sondern von den Lauten der Sprache, den Vokalen und Konsonanten. In der Grundschule können daher Sprach- und Musikrhythmus, Märchen oder kleine Kindergedichte und Kinderreime entsprechend der Jahreszeit in eurhythmische Bewegungen umgesetzt werden.

Erfahrungsfelder der Sinne

KÜKELHAUS/LIPPE haben – zunächst in Modellversuchen – Sinnesstationen entwickelt und erprobt und sie als Erfahrungsfelder bezeichnet. Das sind z. B. im Freien Angebote zum Balancieren, Schaukeln, eine Feuerstelle, ein Summstein und vieles mehr. In Innenräumen können z. B. Tasterfahrungen an gefüllten Tonkrügen gemacht werden, andere Angebote laden zum Betrachten, Beleuchten, Hören, Klangmuster-Erzeugen, zum Lesen und Nachdenken ein. „Die ‚Stationen' entsprechen auf besondere Weise den Entfaltungsmöglichkeiten und auch Betätigungswünschen unserer Sinne – Fühlen, Riechen, Schmecken, Hören und Sehen gehören zusammen mit Sinnen wie dem des Gleichgewichts. … Diese Zusammenhänge sollen für die Menschen der Gegenwart in den Industrieländern greifbar, die Tätigkeit der Sinne als Teil unseres menschlichen Daseins lebendig, ihre Wirkungen in den Beziehungen zu uns selbst, zur menschlichen und dinglichen Mitwelt bewusst gemacht werden" (KÜKELHAUS/LIPPE 1984, S. 5).

Die Stationen sind für Menschen jeden Alters gedacht, denn in den Erfahrungsfeldern können Kinder wie Erwachsene Sinneserfahrungen machen: „Je nach Vorgehen und Bedürfnissen haben die Anlagen Rekreations-, Spiel-, Lern- und Therapiecharakter, und zwar für alle Altersgruppen" (a.a.O., S. 61).

Dieser Ansatz hat die psychosomatischen Wirkungen der Sinneserfahrung im Blick. „Eine volle Entfaltung der menschlichen Organ- und Sinnesvermögen wird zur Grundlage einer Gesundheitserziehung im weitesten Sinne und in der größten Breite. Von positiven Erfahrungen und Vorstellungen von Gesundheit ausgehend, werden die Fähigkeiten der Menschen und ihr Wille gestärkt, Verhaltenssicherheiten im Umgang mit sich selbst und der Umwelt zu gewinnen gegen ein eigenes Fehlverhalten wie gegen schädigende oder behindernde Bedingungen von außen" (a.a.O., S. 15).

Das Konzept geht von den Einflüssen der Umwelt aus, die auch Erwachsene betreffen. Gerade eine Schule und ihr Umfeld bieten zahlreiche Möglichkeiten, Erfahrungsfelder zur Sinnesförderung zu installieren, welche der gesamten Bevölkerung – auch außerhalb der Schulzeit – zur Verfügung stehen. Ein Projekt mit dieser Intention ist weder sehr aufwendig noch besonders teuer!

Schnüffeln, Schnuppern oder Snoezelen

In der sonderpädagogischen Arbeit der letzten Jahre hat das Interesse am Snoezelen zur Förderung der Wahrnehmung bei beeinträchtigten Menschen erheblich zugenommen. Als Schlagwort hat sich der Begriff zu einem vielzitierten Modewort entwickelt, wobei die wenigsten wissen, was er eigentlich bedeutet. Das Wort „Snoezelen" stammt aus dem Niederländischen und ist aus den Wörtern „snuffelen" (schnüffeln, schnuppern) und „doezelen" (dösen, schlummern) entstanden. Da es einen entsprechenden Begriff in der deutschen Sprache nicht gibt, hat man den Begriff Snoezelen einfach übernommen. HULSEGGE und VERHEUL (1989) verknüpfen mit der Bezeichnung „doezelen" ruhe- und stillegebende Aktivitäten, der Begriff „snuffelen" schließt etwas mehr Dynamik und Power in die Handlung mit ein, sodass die Autoren den Begriff Snoezelen als ein vorsichtiges und behutsames Erforschen der Umgebung und Umwelt erklären.

In den sechziger Jahren haben CLELAND und CLARK in den USA diesen Ansatz unter dem Begriff „Sensorische Cafeteria" geprägt und vertreten; in den siebziger Jahren wurde dann in den Niederlanden aus der Arbeit mit Schwerstbehinderten das Snoezelen entwickelt, wobei die ersten Snoezelversuche im Rahmen der Bewegungserziehung erprobt wurden. Das Grundanliegen dieses Ansatzes ist, den Behinderten Möglichkeiten zur Entspannung, zur Ruhe, zur Passivität, zur Stille einerseits und vielfältige Anregungen zu bestimmten Aktivitäten andererseits zu bieten. Durch das Konzept Snoezelen sollen angenehme Gefühlslagen und wohltuende Stimmungen hervorgerufen werden. Die angebotene Reizvielfalt erstreckt sich dabei auf das Sehen, das Hören, das Tasten und Fühlen, den Geschmack und den Geruch. Snoezelen bedeutet einfach ein bewusstes und ausgewähltes Anbieten von primären Reizen in einer wohltuenden und angenehmen Atmosphäre, wobei vor allem die sinnliche Wahrnehmung mit Hilfe von Lichteffekten, Geräuschkulissen, Gefühlen und Gerüchen aktiviert werden soll. Hierdurch will man annähernd authentische Erlebnismöglichkeiten aus der Umwelt nachstellen und für diejenigen Menschen anbieten, die anders sind und bisher andere Erfahrungen gemacht haben.

Dieses Konzept (vgl. hierzu HULSEGGE/VERHEUL 1989, GERLING 1989 und PFEFFER 1988), das schwerpunktmäßig in der Arbeit mit schwerstbehinderten Menschen eingesetzt wird, kann durchaus in gewissen Anteilen in der Arbeit mit wahrnehmungsauffälligen Kindern in der Grundschule Verwendung finden und seine Prinzipien können z.B. in den Fächern Musik und Sport oder aber auch in bestimmten Förderstunden berücksichtigt werden:

Entspannung
Durch die Bereitstellung einer wohligen Umgebung kann sich ein Zustand des Gelöstseins einstellen und so im Muskelbereich Verkrampfungen und Spannungen aufgehoben werden. Das Kind soll dabei die Wahrnehmung mit Freude erleben und erfahren. Man schmeckt, riecht, fühlt, hört, sieht einfach deshalb, weil es schön ist.

Atmosphäre
Beim Snoezelen erfahren die Kinder für eine bestimmte Zeit eine andere, eine besondere Umgebung, die z.B. durch warme und farbige Beleuchtung, leise Musik und weiche Matten eine angenehme und schützende Atmosphäre schafft. Eine solche Atmosphäre kann wahrnehmungsauffälligen Kindern ein positives Lebensgefühl, Sicherheit und Geborgenheit sowie Entspannung und Beruhigung bieten.

Selbstbestimmung

Beim Snoezelen wird dem Kind ein Freiraum zugestanden, in dem es sich bewegen und auch entscheiden kann, ob es das Reizangebot annimmt oder nicht. Es soll auch das Tempo und die Dauer der einzelnen Aktivitäten mitbestimmen. Dadurch kann das Kind sich selbst und seine Umwelt bewusster wahrnehmen.

Eine ganz zentrale Rolle übernimmt in diesem Förderkonzept die Musik, die auf die angespannte Psyche des Betroffenen beruhigend einwirken soll. Es gibt keine spezielle Snoezelmusik, jedoch machen HULSEGGE/VERHEUL (1989) folgende Vorschläge: Klassische Musik (z. B. Flötenkonzerte und Die kleine Nachtmusik von Mozart, Violinkonzerte von Brahms), Geistliche Musik (z. B. Lieder von Mantovani), Meditationsmusik (z. B. Musik für Yoga-Meditation, Tony Scott, George Winston) und Filmmusik (z. B. Bilitis). Insbesondere eignen sich Vokal- und Instrumentalstücke, in denen eine Stimme oder ein Instrument im Vordergrund steht.

In dem Band „Snoezelen – eine andere Welt" der genannten Autoren findet der Grundschullehrer zahlreiche Anregungen zur Förderung der auditiven, visuellen, taktil-kinästhetischen, gustatorischen und olfaktorischen Wahrnehmung.

Lernen mit allen Sinnen

Das Lernen mit allen Sinnen ist kein neues pädagogisches Konzept, sondern schon fast eine klassische Forderung vieler Pädagogen. Die anthropologischen, entwicklungspsychologischen und vor allem die sozialisationstheoretischen Erkenntnisse der letzten Jahre über die veränderten Bedingungen, unter denen Kinder heute leben und lernen, belegen, dass eine Umsetzung dieses Konzepts längst überfällig ist. So verweisen mittlerweile alle Leitlinien für die pädagogische Arbeit in der Grundschule sowie die Lehrpläne der einzelnen Bundesländer auf die dringende Notwendigkeit des Lernens mit allen Sinnen. Der für die Grundschule zuständige Arbeits- und Medienmarkt hat diese Lücke erkannt und eine nahezu unübersichtliche Anzahl entsprechender Materialien und Förderprogramme entwickelt. Hier sind nun grundlegende Kenntnisse und der kritische Blick des Lehrers gefragt um einen sinnvollen und effektiven Einsatz dieser Materialien zu gewährleisten.

Wer das Lernen mit allen Sinnen ermöglichen will, muss Unterrichtsinhalte so aufbereiten, dass die Kinder die Möglichkeit haben, sich das Wissen über verschiedene Lernkanäle (Sinne) anzueignen. Dabei sind außerdem folgende didaktisch-methodische Prinzipien zu beachten:

Bedürfnis- und Subjektorientierung

Die spezifische und oft eigentümliche Aneignung der Umwelt bzw. die Konsumgewohnheiten der Kinder müssen dem Lehrer bekannt sein, damit er die entsprechende Anregungswelt in und außerhalb der Schule anbieten kann. Die ausgesuchten Inhalte müssen unmittelbare Lebensbedeutsamkeit für die Kinder aufweisen; dadurch ist automatisch die Motivation zum Mitmachen im Unterricht geliefert. Die persönliche Bedürfnislage der Kinder wird somit zu einem wichtigen Faktor für die Unterrichtsplanung. Insbesondere ist dieses Prinzip der Subjektbezogenheit bei Problemkindern (sprachauffälligen, lernschwachen, verhaltensauffälligen, leserechtschreibschwachen und wahrnchmungsauffälligen Kindern) zu berücksichtigen.

Handlungsorientierung

Die Förderung der Sinne muss das menschliche Handeln als Ausübung von inhalts- und gegenstandsbezogenen Tätigkeiten begreifen, das über reine Funktionstüchtigkeit hinausgeht. Die Kinder sollten deshalb im Unterricht die Möglichkeit haben, praktische und eine die Sinne umfassende Tätigkeit ausüben zu können, die einen konkreten und unmittelbaren Alltags- und Umweltbezug besitzt. So ist das tatsächliche Hören von Geräuschen auf einer verkehrsreichen Straße wertvoller als das Abhören von Geräuschen aus käuflich erworbenen Hörerziehungsprogrammen. Ebenso ist der Unterrichtsgang zur Post, in den Wald zum Förster und in die Backstube des Bäckers wertvoller als der Einsatz spezieller Arbeitsmaterialien.

Sprachorientierung

Die Förderung der Sinne steht natürlich in einem sehr engen und wechselseitigen Verhältnis zu den Bereichen Kognition und Sprache, wobei hierunter die gesprochene und geschriebene Sprache verstanden wird. Diese Beziehung kann so beschrieben werden, dass bei der Tätigkeit der Sinne die Versprachlichung des Wahrgenommenen regelrecht herausgefordert wird, denn das Wahrgenommene muss in Form von Wörtern und Begriffen festgehalten und gespeichert werden. Aufgrund der Bedeutungsvielfalt und Abgrenzungsschwierigkeiten zwischen einzelnen Begriffen, die für Personen, Gegenstände oder Sachverhalte stehen, sollte dieses Prinzip der Versprachlichung gerade im Anfangsunterricht der Grundschule stark berücksichtigt werden. Bevor aber die symbolische Stufe der Sprache angeregt und gefördert werden kann, müssen die enaktiv-praktische und die ikonisch-bildliche Stufe vorangestellt werden.

Erwähnenswert ist an dieser Stelle auch die „Sinneswerkstatt" von BECK/WELLERSHOFF (1989), die davon ausgehen, dass die Kinder und Jugendlichen mit den Dingen selbst in der Schule in Kontakt gebracht werden müssen. Sie sollen lernen, „auf die Sprache der Dinge" zu hören: „Da aber die Dinge, mit denen die Kinder und Jugendlichen umgehen und von denen sie umgeben sind, zu deren bedeutendsten „Lehrern" gehören, die einem heimlichen Lehrplan der Kultur folgen, gilt es, ihren differenzierten Lehren zuzuhören und gerecht zu werden." (BECK/WELLERSHOF 1989, S. 14).

Die Autoren schlagen vor, im Klassenraum eine „Wahrnehm-Bar" einzurichten, d. h. Dinge für die Kinder in einer „Hör-, Schmeck-, Riech-, Beweg-, Sicht- und Tast- und Fühlbar" bereitzustellen, die sie einladen sich mit ihnen zu beschäftigen. „Die Bar organisiert keine bestimmten Sinnestätigkeiten. Sie bietet nur die Möglichkeit, sie zu erproben, mit ihnen zu spielen, die Dinge in ihrer Wirkung wahrnehmbar zu machen. Die notwendigen Utensilien umgeben die Kinder in ihrem

Raum, der allerdings eine Voraussetzung für die Sinneswerkstatt ist. Diese Utensilien gehören zum Schulleben, ... Sie regen an sich mit ihnen zu befassen, auch ohne Lehreranweisung, wenn man Zeit und Lust dazu hat oder wenn sie in einem Unterrichtsprojekt gebraucht werden. Die Fantasie der Sinne, die Entdeckung der Dinge und ihre Hervorbringung brauchen Werkzeuge" (a.a.O., S. 60).

Fallbeispiele

Die in diesem Band so oft angesprochene mehrdimensionale Entwicklung und die enge Verzahnung von basalen Funktionen wie Motorik, Sensorik, Laut- und Schriftsprache, Kognition, Emotion und Soziabilität sollen in ihrer augenfälligen Komplexität in diesem Kapitel anhand von zwei Fallbeispielen dargestellt werden. Hierbei handelt es sich um authentische Fälle aus der praktischen Arbeit des Verfassers, die jedoch anonymisiert und an einigen Stellen leicht verändert wurden.

Wahrnehmungsauffälligkeiten und Sprachstörungen: Der Fall Andreas

Im ersten hier vorgestellten Fall liegt der Schwerpunkt auf der engen Verzahnung von basalen Funktionen der Wahrnehmung (auditive Reizaufnahme, -weiterleitung, -speicherung, -verarbeitung und -interpretation) und dem Erwerb der Muttersprache. Zum einen sollen für den Grundschullehrer praktikable und ökonomische Möglichkeiten der Feststellung, Erkennung und Überprüfung der Auffälligkeiten aufgezeigt werden. Zum anderen sollen auch konkrete Fördermöglichkeiten im Rahmen der täglichen Grundschularbeit vorgestellt werden. Mit dem folgenden vereinfachten Ablaufschema wird die praktische Vorgehensweise des diagnostizierenden Lehrers allgemein dargestellt, wobei je nach Gestaltung des Falles Änderungen und Variationen möglich sind. Für den vorliegenden Fall trifft dieses Ablaufschema zu:

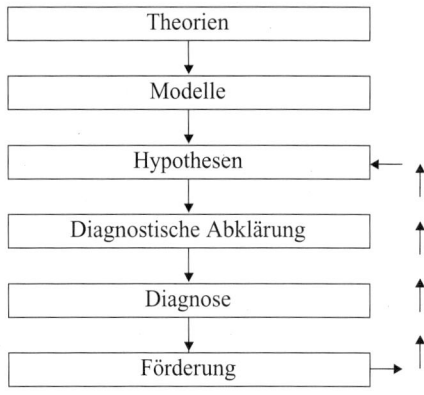

Stufe 1: Theorien, d. h. in dem hier vorliegenden Fall sind neuropsychologische und entwicklungspsychologische Kenntnisse notwendig.

Stufe 2: Modelle, d. h. die Darstellung des Falles kann anhand neuropsychologischer und entwicklungspsychologischer Modelle erfolgen.

Stufe 3: Hypothesen, d. h. um in den diagnostischen Teil einsteigen zu können müssen aufgrund der vorliegenden Erkenntnisse Vermutungen (das können auch Fragen sein) formuliert werden.

Stufe 4: Diagnostische Abklärung, d. h. jetzt werden verschiedene diagnostische Verfahren zur Beobachtung und Überprüfung der Hypothesen eingesetzt.

Stufe 5: Diagnose, d. h. nach der Durchführung und Auswertung der eingesetzten diagnostischen Verfahren wird die Diagnose formuliert.

Stufe 6: Förderung, d. h. erst im Anschluss an die gestellte Diagnose wird nun allgemein für mehrere Fächer oder speziell für ein Fach oder den Förderunterricht ein Förderplan erstellt.

Zunächst kommt es darauf an, neuropsychologisch orientierte Ansätze in Verbindung mit einem mehrdimensionalen Entwicklungsmodell zu bringen, welches den bisherigen Entwicklungsstand als Produkt einer universellen und ökologisch orientierten Entwicklung betrachtet.

Außerdem ist es sehr wichtig und soll daher auch ausdrücklich betont werden, dass diagnostische Arbeit und Förderung als Einheit gesehen wird. Leider wird die Diagnostik in der Schule oft als ein einmaliger Vorgang angesehen. Sie muss jedoch während der praktischen Förderarbeit nach vier, sechs oder acht Wochen immer wieder als korrigierendes Steuerungsmoment eingesetzt werden, d. h. der Lehrer muss sich immer wieder nach gewissen Abständen der Förderung fragen, ob er sich noch auf dem richtigen Weg befindet.

Andreas ist sechs Jahre alt und Schüler der ersten Klasse einer Grundschule in einem Dorf mit fünftausend Einwohnern. Der Klassenlehrerin fällt Andreas in den ersten Wochen bereits auf, „weil er Schwierigkeiten mit dem Sprechen hat". Er hat auch größere Probleme beim Singen sowie beim Aufsagen von kürzeren Reimen. Auffallend ist ebenso die Tatsache, dass er sich keine Hausaufgaben merken kann. Im Gespräch mit der Mutter stellt die Klassenlehrerin Folgendes fest:

Andreas hat seit dem dritten Lebensjahr den Kindergarten besucht. Er hat einen Bruder von 13 Jahren, der mit durchschnittlicher Intelligenz ein Gymnasium besucht. Sein Vater arbeitet als Bankangestellter, seine Mutter arbeitet vormittags als Sekretärin.

Schwangerschaft, Geburt, Kindheit und Einschulung verliefen ohne Komplikationen. In der ersten Klasse ist Andreas von den Mitschülern gut aufgenommen worden, er ist sozial integriert. Die Sprachschwierigkeiten sind den Eltern bekannt, werden aber nicht besonders bewertet. „Der Kinderarzt hat mir immer wieder gesagt, dass diese Probleme von allein verschwinden. Bei meinem ältesten Sohn gab es auch leichte Schwierigkeiten und die sind von allein weggegangen", so äußert sich die Mutter in dem Beratungsgespräch mit der Klassenlehrerin. Dieser fallen bei genauer Beobachtung jedoch weitere Dinge auf:

- Andreas spricht einige Laute undeutlich und verwaschen aus; manchmal ist er kaum zu verstehen. Auch hat er Probleme damit, Wörter und Sätze richtig zu bilden.
- Er hat auch Schwierigkeiten beim Singen und Klatschen.
- Andreas wird bei längerem Reden immer lauter.
- Andreas fällt es schwer, sich etwas von einem auf den anderen Tag zu merken.
- In der Klasse verhält er sich ruhig, hin und wieder rutscht er etwas ungeduldig auf seinem Stuhl herum. Manchmal kramt er auch in seinem Ranzen; öfter bringt er verschiedene Spielsachen mit. Der in sich gekehrte Schüler fällt im Unterricht nur selten auf.
- Die Beteiligung am Unterricht ist ungenügend. Auch nach Aufforderung braucht Andreas ab und zu noch etwas Zeit zum Überlegen, manchmal muss man auch die Frage ein- oder gar zweimal wiederholen.

1. Schritt: Bildung von Hypothesen

Spontan lassen sich nun aus dem beschriebenen Verhalten folgende Hypothesen formulieren:

- Artikulation und Satzbildung sind nicht altersgemäß entwickelt.
- Die rhythmische und die melodische Differenzierungsfähigkeit sind nicht ausreichend entwickelt.
- Die periphere Hörfähigkeit ist unterdurchschnittlich ausgeprägt.
- Die Merk- und Speicherfähigkeit fallen im Unterricht als mangelhaft auf.

Anhand der geführten Gespräche mit der ehemaligen Erzieherin und den Eltern und der formulierten Hypothesen wird ersichtlich, dass eine ausschließliche Überprüfung der Sprache zu kurz greifen würde. Vermutlich sind weitere Entwicklungsbereiche betroffen. Das bedeutet: Die sprachliche Entwicklung und der momentane Sprachstatus müssen im Rahmen der Gesamtentwicklung betrachtet werden. Sprachauffälligkeiten sind in Relation zur Motorik, zur Wahrnehmung, zur Intelligenz und zum Sozialverhalten zu sehen. Um nun zu fundierten Erkenntnissen zu gelangen ist die Orientierung an einem systematisch konzipierten Raster erforderlich. In Anlehnung an die Arbeiten von GRAICHEN (1986) – vgl. hierzu auch die Darstellung des neuropsychologischen Modells im Kapitel Modellvorstellungen – wird daher folgendes Raster zur Diagnose vorgeschlagen:

1. Anamnetische Ebene

Anamnese
- Vorsorge-Untersuchungsheft für Kinder (U 1 bis U 11)
- Entwicklungsberichte
- Klinische Gutachten
- Elterngespräche

Methode: Strukturiertes Gespräch/ Gesprächsleitfaden

2. Beobachtungsebene

Verhaltensbeobachtung
- beim Spielen
- bei Wanderungen und Ausflügen
- bei Lernanforderungen
- im Unterricht

Methode: Checklisten/Beobachtungsbögen

3. Screeningebene

Überprüfung/Test
- Motorik
- Wahrnehmung
- Sprache und Sprechen

Methode: Lautprüfbogen/Informelle Verfahren/Proben

Periphere Störungen

HNO-Arzt
Augenarzt
Beratungsstellen
Klinik

Zentrale Auffälligkeiten

Sonderpädagoge
Schulpsychologe
Logopäde
Ergotherapeut

Fördermaßnahmen

Rhythmisch-musikalische Erziehung
Wahrnehmungsförderung
Sprecherziehung

2. Schritt: Gespräch mit den Eltern

Im Rahmen eines strukturierten Elterngesprächs werden die aus der Sicht des Lehrers gemachten Annahmen diskutiert und weitere anamnetische Hintergrundinformationen eingeholt um die bisherige Entwicklung des Jungen von der Geburt bis zum heutigen Tag zumindest in groben Zügen nachvollziehen zu können. Ziel dieses Gesprächs ist es, die momentane Situation von Andreas besser erklären und verstehen zu können. Weiterhin ist es auch wichtig, die Einstellungen zum Kind und die Erwartungen der Eltern an die Schule kennen zu lernen. Faktoren, die auf eine Lernschwäche, eine Teilleistungsschwäche, eine Wahrnehmungsauffälligkeit oder Introvertiertheit hinweisen, sind ausschließlich bei dem Schüler zu suchen. Die Diagnose muss jedoch kind- und umfeldbezogen erfolgen, d. h. die Fähigkeiten des Schülers sind vor dem Hintergrund der familiären und schulischen Situation zu betrachten. Dabei können die Bezugspersonen des Kindes – Eltern, Erzieherinnen, Therapeuten – Einblicke in die derzeitige Lebens- und Lernsituation verschaffen. HILDESCHMIDT/SANDER (1990) haben auf dem Hintergrund des ökosystemischen Ansatzes hierzu einen „Leitfaden für die Kind-Umfeld-Diagnose" entwickelt, der als Grundlage für Beratungsgespräche dienen kann. Dabei sollen folgende Fragenkomplexe angegangen werden:

1. Wie stellt sich die derzeitige Lebens- und Lernsituation des Kindes dar (Bezugspersonen, Nachbarschaft, Kindergarten, Schule, Freizeitverhalten, familiäre Situation, emotionale Beziehungsstrukturen usw.)?
2. Welche Informationen liegen über die bisherige Entwicklung des Kindes vor (Gesamtentwicklung, besondere Vorkommnisse, körperliche, motorische Entwicklung, Wahrnehmungsfähigkeiten usw.)?
3. Wie lässt sich eine Förderung für das Kind, die Eltern, die Schule, die Lehrer angemessen didaktisch-methodisch und pädagogisch umsetzen (Förderunterricht, Ressourcen, Schwierigkeiten, Experten, Therapeuten)?

3. Schritt: Überprüfung der Sprache

Bei der Überprüfung der Sprache des betroffenen Kindes sind zwei verschiedene Ebenen zu berücksichtigen:

Auf der *Ebene der Aussprache* kann der Lautprüfbogen nach GÜNTHER (1995) eingesetzt werden. Der Grundschullehrer verschafft sich hier einen Überblick über den Lautbestand des Kindes und erfährt, ob Andreas alle Laute und Lautverbindungen der deutschen Muttersprache korrekt sprechen kann. Es zeigt sich in diesem Fall, dass der Junge erhebliche Schwierigkeiten mit folgenden Lauten hat: s/ sch, fl/pfl, tr/dr und kr/gr.

Auf der *Ebene der Satzbildung* kann der Grammatische Beobachtungsbogen nach GÜNTHER (1995) eingesetzt werden. Hier geht es um die Überprüfung der Fähigkeit, spontan Sätze bilden zu können.

Für die grobe Bestimmung des Sprachstandes durch den Grundschullehrer ist eine Spontansprachprobe von drei bis fünf Minuten ausreichend. Daher werden kurze

Spontansprachausschnitte auf Tonband aufgenommen und anhand der Beobachtungsbögen analysiert. Bei Andreas zeigt sich, dass er Probleme mit den Präpositionen, der Flexion von Verben und der Stellung des Prädikates innerhalb des Satzes hat.

Sprachliche Diagnose:
Aufgrund der eingesetzten Prüfverfahren lässt sich das sprachliche Erscheinungsbild von Andreas folgendermaßen beschreiben:
Bei Andreas liegt eine Störung der Aussprache vor. Es handelt sich dabei um ein mittelschweres Stammeln; betroffen sind die Laute s, sch und r mit Konsonantenverbindungen. Das Sprachverständnis und das Nachsprechen von Sätzen sind unauffällig. Beim Nacherzählen und Spontansprechen treten kleinere Auffälligkeiten hinsichtlich der Konjugation, Deklination, präpositionalen Ergänzungen, Artikel- und Pluralbildungen auf. Der Wortschatz erscheint altersgemäß entwickelt. Auf der pragmatischen Ebene sind keine Schwierigkeiten zu beobachten.

4. Schritt: Überprüfung der Wahrnehmung
Zur Überprüfung der einzelnen zentralen Wahrnehmungsbereiche bieten sich Checklisten, der FROSTIG-Test sowie der Lehrerbeobachtungsbogen des Hörgeschädigten-Zentrums Würzburg an (EBERT 1993). Darüber hinaus wird die Differenzierungsprobe von BREUER/WEUFFEN (1993) ebenfalls eingesetzt.

Diagnose zum visuellen Bereich:
Die Beobachtungen und die Überprüfung mit dem Frostig-Test weisen auf keine besonderen Schwierigkeiten im visuellen Bereich hin.

Diagnose zum auditiven Bereich:
Die Beobachtungen und Testresultate führen zu dem Ergebnis, dass es sich bei Andreas um eine Differenzierungs- und Merkschwäche handelt. Er hat Schwierigkeiten beim Unterscheiden ähnlich klingender Laute und kann sich Buchstaben, Wörter oder Zahlen nicht gut merken. Darüber hinaus sind die rhythmische, melodische und kinästhetische Differenzierungsfähigkeit erheblich beeinträchtigt. Es wird bei Andreas eine ausgeprägte auditive Wahrnehmungsschwäche festgestellt. Im Einzelnen sind die auditive Diskrimination, die Analyse, die Synthese sowie die rhythmische und melodische Differenzierungsfähigkeit beeinträchtigt. Die auditive Merkfähigkeit scheint ebenfalls betroffen zu sein.

5. Schritt: Zusammenfassung der Ergebnisse (Diagnose)
Bei Andreas liegen Auffälligkeiten im Bereich der Sprache und der Wahrnehmung vor. Im sprachlichen Bereich handelt es sich um ein Stammeln und leichten Dysgrammatismus, im sensorischen Bereich liegt eine auditive Wahrnehmungsauffälligkeit vor. Aufgrund von praktischen Erfahrungen und zahlreichen Untersuchungsergebnissen kann die nicht altersgemäß entwickelte Sprache als Folge der auditiven Wahrnehmungsauffälligkeiten gesehen werden. Weiterhin ist zu erwarten, dass die nicht altersgemäß entwickelte Wahrnehmung im auditiven Bereich

sowie die Schwierigkeiten in der Sprache negative Auswirkungen auf den Lese-lernprozess haben können.

6. Schritt: Fördermöglichkeiten

Die spezifische Förderung muss nun folgende Aspekte und Ebenen berücksichtigen:

- Intensive Beratung der Eltern hinsichtlich möglicher Zusammenhänge und zu erwartender Schwierigkeiten.
- Kooperation mit den Fachkollegen Musik und Sport in dieser Klasse, da gerade die diagnostizierten Auffälligkeiten fächerübergreifend angegangen werden müssen, wie z. B. im Rahmen einer umfassenden rhythmischen Erziehung in Sport oder einer spielerischen Hörerziehung in Musik. Besonders im Fach Musik kann auf die melodische und rhythmische Schwäche von Andreas gezielt eingegangen werden.
- Überprüfung des Lehrerverhaltens, wie z. B. eine deutliche, klare und gezielte Ansprache im Unterricht sowie Blickkontakt mit Andreas beim Sprechen.
- Überprüfung des Sitzplatzes, d. h. im vorliegenden Fall muss Andreas in der Klasse einen Sitzplatz haben, der so eingerichtet ist, dass er zu möglichst vielen Mitschülern während des Unterrichts Blickkontakt hat.
- Andreas muss möglichst rasch am schulinternen Sprachförderunterricht teilnehmen, der durch einen Sprachheillehrer einmal wöchentlich durchgeführt wird. Die Klassenlehrerin sollte diese sprachtherapeutischen Maßnahmen flankierend im Unterricht begleiten und unterstützen.
- Mit den Eltern ist vor allem das häusliche Üben zu besprechen, wobei es insbesondere um ein kritikloses Umgehen mit Andreas in Gesprächssituationen geht.
- Während des Leselernprozesses muss Andreas im Rahmen einer umfassenden und gezielten Hörerziehung individuell gefördert werden, und zwar im regulären Unterricht sowie speziell im Förderunterricht. Insbesondere sind hier Übungen und Spiele zum auditiven Unterscheiden ähnlich klingender Laute und Wörter, zum bewussten Hören von Lauten innerhalb einer Wortgestalt (Anlaut, Auslaut, ansatzweise Inlaut), zum rhythmischen Durchgliedern von Wörtern und Sätzen (Silbentrennung), zum Zusammensetzen von Lauten zu Silben und von Silben zu Wörtern und zum Merken von Geräuschen, Klängen, Lauten, Silben und Wörtern anzubieten (vgl. hierzu die Übungen und Materialien in diesem Band). Darüber hinaus muss auch das Aufsagen von Kinderreimen und Versen sowie das Singen von Kinderliedern geübt werden.
- In vierteljährlichen Beratungsgesprächen sollten die Klassenlehrerin, der Musiklehrer, der Sportlehrer, der Sprachheillehrer und möglicherweise auch die Eltern miteinander über die Auswirkungen der Fördermaßnahmen sprechen.

Wahrnehmungsauffälligkeiten und Leserechtschreibstörungen:
Der Fall Klaus

Während es im vorherigen Fallbeispiel schwerpunktmäßig um den engen Zusammenhang zwischen der Wahrnehmung und der gesprochenen Sprache geht, stehen im nun folgenden authentischen Beispiel die Auswirkungen von beeinträchtigter Wahrnehmung in verschiedenen Wahrnehmungsbereichen und dadurch gestörter Lautsprache auf den Erwerb der geschriebenen Sprache im Mittelpunkt der Darstellungen. An diesem Beispiel sollen verschiedene Möglichkeiten der Erkennung und Feststellung der Schwierigkeiten beleuchtet werden. Weiterhin sollen die Beratung der Erziehungsberechtigten, die fachliche und organisatorische Kooperation mit den Kollegen sowie die intensive und spezielle Förderung dargestellt werden. Dieser Fall wurde deshalb ausgesucht, weil er zum einen sehr häufig in der praktischen Arbeit vor Ort vorzufinden ist – leider werden diese Kinder aber nur sehr selten entdeckt – und zudem in hervorragender Weise die Möglichkeiten einer fachbezogenen und fächerübergreifenden Arbeit in der Grundschule zeigt. Der Schwerpunkt der pädagogischen Förderung liegt dabei wie beim ersten Fallbeispiel ebenfalls auf den verschiedenen Fördermöglichkeiten in den zentralen Bereichen der Wahrnehmung, vorzugsweise der auditiven Wahrnehmung. Der Verfasser verfolgt dabei das Ziel, die hohe Bedeutsamkeit der auditiven Wahrnehmung sowohl für den Erwerb der Lautsprache als auch für den Erwerb der Schriftsprache erneut herauszustellen. Lesen und Schreiben basieren wie alle komplexen Leistungen des Kindes auf sich aufbauenden und wieder zerfallenden Funktionssystemen des Zentralen Nervensystems (vgl. THEWALT 1997). Daher soll mit der folgenden Abbildung das Funktionelle System Sprache (Laut- und Schriftsprache) dem Leser noch einmal in Erinnerung gerufen werden:

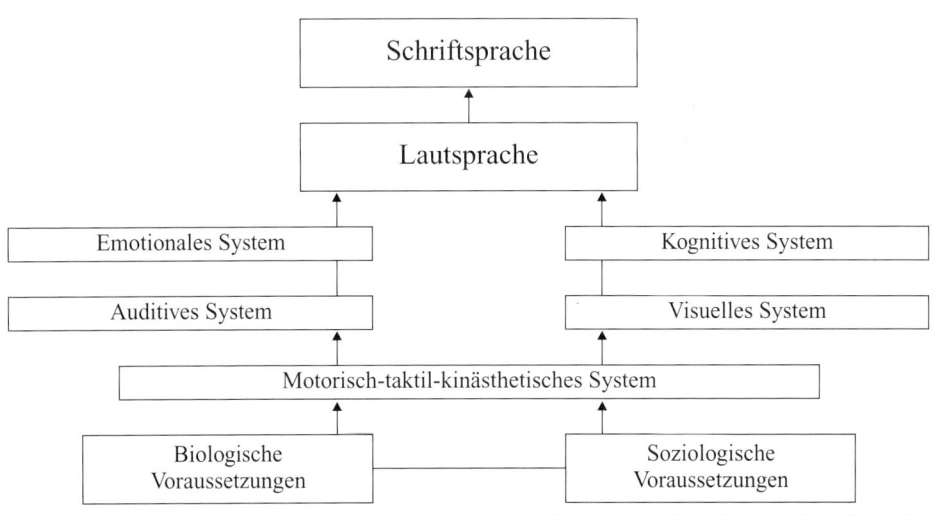

Funktionelles System der Sprache

Klaus ist acht Jahre alt und Schüler der zweiten Klasse einer Grundschule in einer kleinen Stadt. Er wird von den Mitschülern akzeptiert und ist gut in die Klasse integriert. Der soziale Kontakt im Unterricht und in den Pausen ist jedoch begrenzt, intensive Freundschaften hat er keine in der Klasse. Klaus ist ein agiler Junge, der spontan und schnell Tätigkeiten ausführt. Geduld, Ausdauer und Konzentration liegen ihm nicht so sehr. Bei längeren Aufgabenstellungen (z.B. längeres Abschreiben aus dem Buch oder von der Tafel, knifflige Ausschneide- oder Bastelarbeiten, stilles Lesen über einen längeren Zeitraum) wird er leicht nervös und will die Arbeit möglichst rasch beenden. Am liebsten beschäftigt er sich mit aktiven Tätigkeiten wie Spiele mit dem Ball (Handball, Volleyball, Fußball) oder auch mit dem Computer oder dem Game-Boy. Er ist ständig in Bewegung und motorisch aktiv, daher ist Sport sein Lieblingsfach.

Klaus verhält sich Fremden gegenüber sehr unruhig und hektisch; dennoch kann er sich in der Klasse zumindest zeitweise recht gut konzentrieren, insbesondere dann, wenn es um sein Lieblingsthema Sport geht. Zum Klassenlehrer hat er ein recht gutes Verhältnis. Er ist gut ansprechbar und lässt sich auch für die Mitarbeit in der Schule motivieren. In manchen Unterrichtsstunden ist er jedoch sehr ruhig, ja zu ruhig und zeigt dann ein allzu angepasstes Verhalten. In diesen Situationen stellt sich die Frage, ob er träumt, vor sich hin döst oder sich enorm anstrengen muss um ruhig und still sitzen zu bleiben.

Klaus spricht sehr viel und schnell. Seine dialektgefärbte Umgangssprache ist nicht immer zu verstehen, er spricht im Umgang mit Mitschülern und dem Lehrer manchmal verwaschen und undeutlich.

Bei regem Interesse in manchen Fächern (Sachunterricht und Sport) und guter Lernmotivation ist Klaus ein Schüler mit durchschnittlichen bis unterdurchschnittlichen Leistungen. Der Klassenlehrer hat von Schulbeginn an bemerkt, dass er sich mit dem Lesen und Schreiben schwer tut, und so ist es auch bis zum heutigen Tage geblieben. Klaus zeigt immer stärker Leserechtschreibschwächen. Auffallend dabei ist, dass Klaus vorwiegend Fehler im Bereich der Wahrnehmung macht: Er verwechselt ähnlich klingende Laute (schreibt Trachen statt Drachen), die räumlich-zeitliche Zuordnung von Lauten und Buchstaben fällt ihm schwer (schreibt Darchen statt Drachen) und bei manchen Wörtern lässt er den letzten Buchstaben einfach weg (schreibt Drache statt Drachen). Auffallend ist für den Lehrer auch, dass Klaus bei vielen Fragen im Unterricht nachfragt und ihn bittet, die Frage zu wiederholen. Darüber hinaus fallen dem Lehrer auch Verständnisschwierigkeiten auf.

1. Schritt: Bildung von Hypothesen
Im hier vorliegenden Fall können aufgrund der bisher bekannten Informationen folgende Hypothesen formuliert werden:
- Klaus zeigt eine Leserechtschreibschwäche.
- Er hat Schwierigkeiten mit dem Sprechen.

- Der Schüler hat insbesondere beim Lesen und Schreiben Probleme mit der Wahrnehmung.

Zur weiteren Aufhellung der hier vorliegenden Ursachen und Bedingungen für das gezeigte Verhalten müssen nun weitere Informationen über Klaus und seine familiäre Situation eingeholt werden.

2. Schritt: Gespräch mit den Eltern
(vgl. hierzu den Leitfaden für ein Anamnesegespräch auf S. 46 f.)
Klaus ist das jüngste von drei Kindern. Die Familie lebt in einer beengten, kleinen Vier-Zimmer-Wohnung am Stadtrand. Die Mutter arbeitet vormittags als Verkäuferin in einer Boutique und der Vater als Karosserieschlosser in einer Autofirma. Der ältere Bruder ist dreizehn Jahre alt und besucht die Realschule und die zehnjährige Schwester besucht die vierte Klasse der Grundschule. Beide sind gute Schüler. „Klaus war eine Frühgeburt und hat sehr spät gelaufen und gesprochen", erzählt die Mutter. Er besuchte den Kindergarten und ist ohne größere Schwierigkeiten eingeschult worden. „Allerdings", so berichtet die Mutter weiter, „war seine Aussprache noch nie so richtig in Ordnung wie bei den anderen beiden Kindern." Klaus zeigt auch beim Singen oder beim Vorlesen von Geschichten und Märchen nur kurzzeitig Interesse. Anweisungen der Eltern befolgt er meistens nicht. Im weiteren Gespräch wird nun deutlich, dass die Eltern sich für die Schule interessieren und die Probleme bei den täglichen Hausaufgaben mit Klaus auch offen ansprechen. Sie fühlen sich jedoch überfordert und wissen auch nicht so recht, wie sie Klaus helfen sollen. Manchmal übt der Vater am Wochenende mehrere Stunden mit Klaus das Lesen und Schreiben. Oft endet jedoch dieses Üben mit Schreien und Weinen. Weiterhin zeigt sich auch, dass der Vater sehr viel spricht, allerdings extrem dialektgefärbt. Die Mutter dagegen ist sehr still und spricht sehr wenig, dann jedoch auffallend hastig und eine dialektgefärbte Umgangssprache. Klaus spielt in seiner Freizeit aktive Spiele wie Fangen oder Fußball, er spielt gern am Computer und sieht täglich mehrere Stunden ohne Aufsicht fern. Bei den täglichen Hausaufgaben sind alle drei Kinder in der Küche und sollen sich auch gegenseitig helfen. Meist hat die Mutter dabei alle Hände voll zu tun, Streitereien zwischen den Kindern zu schlichten. Zusammenfassend ist festzuhalten, dass sich die Leserechtschreibschwierigkeiten in eklatanter Form auch zu Hause bei den Hausaufgaben zeigen. Weiterhin wird die Sprache von Klaus als Problembereich wieder deutlich angesprochen. Auch das Zuhören über einen längeren Zeitraum bereitet ihm Probleme. Die Eltern sollen möglichst rasch einen Hörtest bei einem Hals-Nasen-Ohrenarzt durchführen lassen um abzuklären, ob periphere bzw. organische Schädigungen am Ohr vorliegen.

3. Schritt: Überprüfung der Sprache
Die Überprüfung der Sprache mit dem Lautprüfbogen und dem grammatischen Beobachtungsbogen von GÜNTHER (1995) und die dafür erforderliche Analyse von Spontansprachproben ergaben, dass die Aussprache verwaschen und über-

hastet ist; darüber hinaus hat Klaus leichte Probleme mit dem Aussprechen von Zischlauten.

4. Schritt: Überprüfung der Wahrnehmung

Da keine peripheren Schädigungen an den Ohren vorliegen und der Hörtest beim Facharzt ohne Befund ist, muss im Bereich der zentralen Wahrnehmung weiter geforscht werden. Daher wird Klaus nun anhand der Beobachtungsliste von SEMEL (1981) im Unterricht beobachtet. Zusätzlich führt der Lehrer Beobachtungen nach dem Lehrerbeobachtungsbogen des Hörgeschädigten-Zentrums Würzburg durch (EBERT 1993). Weiterhin wird die Differenzierungsprobe II für sechs- und siebenjährige Kinder von BREUER/WEUFFEN (1993) angewendet. An Resultaten ist festzuhalten: Klaus zeigt Auffälligkeiten beim auditiven Gedächtnis, bei der Diskrimination von Lauten sowie bei der Analyse und Synthese von Lauten und Buchstaben.

5. Schritt: Zusammenfassung der Ergebnisse

Bei Klaus handelt es sich um eine mittlerweile ausgeprägte Leserechtschreibschwäche mit besonderen Schwierigkeiten beim Schreiben nach Diktat. Als Verursachung dieser Probleme sind sprachliche Defizite und Auffälligkeiten in der auditiven Wahrnehmung anzunehmen. Das unzureichende zentrale Hören und die nicht korrekte Aussprache von Lauten, Wörtern und Sätzen führen bei Klaus zu weiteren Schwierigkeiten beim Lesen und Schreiben. Das fehlerfreie Sprechen und das korrekte Hören der gesprochenen Sprache sind wichtige Voraussetzungen für das Lesen und Schreiben. Klaus hat jedoch Schwierigkeiten dabei, komplexe Klanggestalten zu gliedern und zu strukturieren. Das Heraushören von Lauten, das Zusammenziehen von Lauten zu Silben und Wörtern und auch das Merken von sprachlichem Material bereiten ihm viel Mühe und kosten ihn im täglichen Unterricht viel Energie und Kraft.

6. Schritt: Fördermöglichkeiten

Der Schwerpunkt der Förderung bei Klaus erstreckt sich auf zwei zentrale Bereiche:
Zunächst geht es um eine gezielte und breit angelegte Förderung im auditiven Wahrnehmungsbereich. Die Übungen sollen dazu dienen, den akustisch-auditiven Kanal stärker zu fördern, wobei verschiedene Aspekte der täglichen Arbeit einbezogen werden:

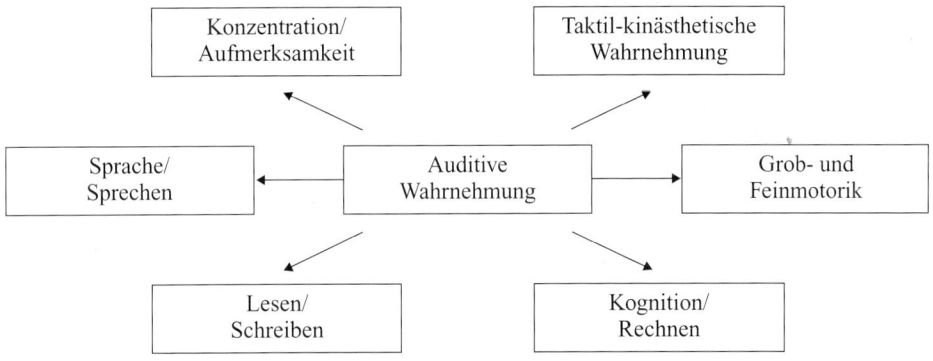

Auditive Übungen zum Aspekt der Konzentration und Aufmerksamkeit

- Graphische bzw. feinmotorische Symbole für akustische Wahrnehmungen setzen
  (z. B. Schallspiele: Klangfolgen schreiben, klopfen oder klatschen lassen; hoher Ton = dünner Strich bzw. zarter Klopfer, tiefer Ton = dicker Strich bzw. fester Klopfer)
- Wortketten bilden
  (z. B. das Spiel „Kofferpacken" oder zum Thema: „Was wir auf der Straße alles hören")
- Hörspaziergänge machen in der Klasse, im Flur oder auf dem Schulhof (Aufnahme mit dem Kassettenrekorder)

Auditive Übungen zum Aspekt der taktil-kinästhetischen Wahrnehmung

- Gegenstände und Materialien am Klang erkennen, zuordnen und die Reihenfolge angeben
  (z. B. Geräusche-Tablett-Spiel, Schütteldosentest, Rascheltüten-Spiel und Kramsack)
- Faltübungen mit unterschiedlichem Papier
  (z. B. Butterbrotpapier, Schreibpapier, Tapete, Tischserviette: vorgegebenes Muster und angesprochene akustische Zeichen)
- Schneideübungen nach abgesprochenen Zeichen
  (laute Musik = schnelles Ausschneiden, leise Musik = langsames Schneiden)

Auditive Übungen zum Aspekt der Grob- und Feinmotorik

- Laufen und Bewegen nach Musik
  (bei Stopp mit verabredetem Körperteil den Boden berühren, Muskelspannung: Faust ballen)
- Musikmalen
  (Musik, Rhythmus und Melodie werden in eine Bewegung übertragen, dabei Änderung der Größe der Übungen)

- Löffelübung
  (verschiedene Materialien werden von einer Schale in eine andere gelöffelt: Reis, Mehl, Perlen, Salz, Zucker)

Auditive Übungen zum Aspekt der Sprache und des Sprechens
- Wortschatzerweiterung über Kassettenrekorder
  (z. B. Tiere oder Verkehrsteilnehmer erraten und benennen)
- Hörrätsel über Kassettenrekorder
  (z. B. Händewaschen oder Zähneputzvorgang identifizieren, über Pantomime darstellen und versprachlichen)
- Geräuschgeschichten selbst herstellen (Lehrer oder Schüler)
  (z. B. „Wer hat Oles Fußball geklaut?"; nach der Herstellung mit dem Kassettenrekorder – auf der Grundlage eines Textes oder spontan ausgedacht – analysieren, die Handlungsabläufe rekonstruieren und dann in Sätzen versprachlichen)

Auditive Übungen zum Aspekt Lesen und Schreiben
- Phonemische Bewusstheit trainieren
  (z. B. Differenzieren von Sprachlauten aus einer Lautreihe, Heraushören von Sprachlauten aus ein- und auch mehrsilbigen Wörtern, Gliederung von Sätzen in Wörter, Reimpaare bilden, Phonemanalyse und Phonemsynthese)
- Strukturierung von Wörtern und Sätzen durch Sprechsilben
  (z. B. Aufgliederung mehrsilbiger Wörter in Sprechsilben mit Hilfe des Silbenschreitens, Silbenklatschens und Silbensprechens)
- Dehnsprechen und Dehnlesen mit Orientierung auf die Lautstruktur und Phonemfolge
  (z. B. ein Wort ganz langsam und gedehnt sprechen und für jeden Laut ein Farbkärtchen legen)

Auditive Übungen zum Aspekt Kognition/Rechnen
- Textaufgabe auf Kassette sprechen und mehrfach hören, dann zum aufgeschriebenen Text hören
  (dabei sind satzweise Strukturierungsübungen sinnvoll)
- Versprachlichung und Darstellung des Gehörten
  (z. B. Umsetzung der Textaufgabe in eine Handlung; Rollenspiel, Pantomime und Gestik einsetzen, Kontrolle der Reihenfolge)
- Umsetzungsversuche in die geforderte mathematische Form:
  Frage-Rechnung-Antwort wird mündlich durchgeführt, wobei unterschiedlich festgelegte akustische Zeichen die geforderten Teilschritte ankündigen
  (Aufnahme mit dem Kassettenrekorder, Analyse und Kontrolle)

Der zweite Förderschwerpunkt bei Klaus beinhaltet gezielte Orientierungshilfen zur Förderung seiner Schwierigkeiten beim Lesen und Schreiben in Verbindung mit den zentralen Bereichen der auditiven Wahrnehmung und der gesprochenen Sprache. Als Beispiel für einen möglichen Ausgangspunkt dieser Förderung in zehn Phasen wird die konkrete Arbeit an einem falsch geschriebenen Wort erläutert:

Klaus schrieb z. B. das Wort Drachen folgendermaßen *darhen*

1. Hören/Sprechen

Das Heraushören des Wortes „Drachen" aus einem Text bzw. Satz soll die akustisch-auditive Konzentration und Aufmerksamkeit fördern. Durch das laute und deutliche Sprechen sollen die Grundfunktionen der automatisierten Kontrollmechanismen im Sinne der akustisch-auditiven Feedback-Theorie geschult werden (Abtasten-Vergleichen-Korrigieren). Das Kind soll den Rücklauf seiner produzierten Laute auditiv überprüfen, sein Einzellautbewusstsein schärfen und die korrekten artikulationsmotorischen Stellungen suchen (z. B. das Springen von Artikulationsstelle zu Artikulationsstelle) und festhalten. Auf diese Weise soll der richtig gefundene Laut bzw. das korrekt ausgesprochene Wort über das Ohr wahrgenommen, gespeichert und über das artikulatorisch-auditive Feedback fixiert und stabilisiert werden. Das Sprechen bietet daher eine elementare Orientierungshilfe, denn durch das betonte, artikulierte Sprechen werden stärkere kinästhetische Reize hinterlassen und die Lautbildung wird zu einem intensiven Erlebnis.

2. Strukturierung

Die Gliederung des Wortes „Drachen" in seine Elemente (Silben und Phoneme) gelingt dem sprachbehinderten Kind selten. Das Kind hat Probleme dabei, die Silbenstruktur zu erkennen. Nach kurzer Anweisung macht es ihm jedoch Spaß, mit Hilfe von Sprechen und Klatschen das Wort in Silben zu zerlegen. Als Variationen sind zu nennen: Stampfen mit den Füßen, Klopfen auf die Oberschenkel oder Schlagen auf die Bank. Silbenbögen werden als weitere Variante zur Unterstützung des Silbentrainings eingeführt. Die Silbenstrategie gelingt aber nur dann, wenn ein gewisses verbo-sensomotorisches Niveau erreicht ist. Die kinästhetischen, rhythmischen und phonematischen Differenzierungsfähigkeiten müssen daher altersgemäß entwickelt sein.

3. Dehnsprechen

Dem sprachbehinderten Kind bereitet die Analyse des Wortes „Drachen" deshalb Schwierigkeiten, weil bei normalem Sprechtempo artikulatorische Abläufe zu schnell wechseln ohne dass es sie beobachten und registrieren kann. Durch das gedehnte, weit auseinander gezogene Sprechen des Wortes „D - r - a - ch - e - n" lernt das Kind, dass man das Wort nicht nur in Silben, sondern noch weiter in Phoneme zergliedern kann. Mit dem Dehnsprechen wird die linguistische Struktur des Wortes verdeutlicht, indem das Kind auf die einmalige Lautstruktur des Klangbildes „Drachen" orientiert wird. Durch das gezielte und bewusste Sprechen jedes einzelnen Lautes wird das oft unzureichende Einzellautbewusstsein geschärft. Das langsame und extrem gedehnte Sprechen des Lehrers und auch des Kindes sind die Muster für die kinästhetischen Impulse.

4. Analyse/Synthese

Bei diesen Feingliederungsübungen wird die Aufmerksamkeit auf die Phoneme gelenkt. Jede Einzelsilbe wird langsam lautiert. Beim Lautieren wird vielfach folgende Faustregel nicht beachtet: Niemals buchstabieren, sondern immer lautieren, d. h. also nicht: „De - er - a - ceha - e - en", sondern „D - r - a - ch - e - n"! Hier schließen sich nun folgende Übungen an: vorwärts und rückwärts lautieren, bestimmte Laute heraushören und die Position der Laute angeben (An-, In- oder Auslaut). Dieses Lautiertraining ist eine wichtige Voraussetzung für das sich nun anschließende phonematische Silbentraining: aus „d - r" wird „dr", aus „dr - a" wird „dra" usw. Der Luftstrom darf beim Sprechen nicht unterbrochen werden, denn die Laute müssen nicht nur aneinandergehängt, sondern regelrecht ineinander verschmolzen werden. Somit wird in dieser Phase bereits der wichtige Schritt der Synthese angebahnt und gefördert.

5. Artikulation

Die Artikulationsanalyse vor dem Spiegel soll dem Kind Kenntnisse verschaffen über die artikulatorischen Merkmale der Einzellaute. Die Einzellaute des Wortes „Drachen" sollen bewusst vor dem Spiegel artikuliert werden um so die Stellung der Lippen, der Zunge und andere Vorgänge bei der Artikulation (z. B. das Springen von einer Artikulationsstelle zur anderen) zu verdeutlichen. Die Feingliederung des Wortes „Drachen" ist ohne Kenntnisse über die Lautbildung nicht denkbar. Aufgrund solcher persönlicher Erfahrungen des Kindes mit dem Wort „Drachen" gelingt es, den Einzellaut von den anderen zu unterscheiden um so später leichter den Einzellaut im gesprochenen Wort „Drachen" wieder zu entdecken. Das Mitartikulieren unterstützt insbesondere zu Beginn des Leselernprozesses die Phase der phonetischen Umkodierung. Das Wissen um die Art und den Ort der Lautbildung ist eine weitere wichtige Orientierungshilfe für das Kind (z. B. bei stimmhaften und stimmlosen Verschlusslauten).

6. Assoziation

Die Beziehung zwischen Phonem und Graphem stellt das Grundprinzip unserer Schrift dar. Sprachauffälligen Kindern fällt es oft schwer, sich die Buchstabenstruktur, den Lautklang oder die Verknüpfung zwischen Buchstabe und Laut einzuprägen. Hier können Einprägungshilfen eine wichtige Lernstütze darstellen. Darüber hinaus leisten diese Assoziationen einen wichtigen Beitrag zur Synthesefähigkeit: Kognitive Prozesse wie die Analyse und Synthese werden durch motorische Zeichen exteriorisiert, sichtbar, begrifflich und der bewussten Wahrnehmung besser zugänglich gemacht. Die Handzeichen bieten dem Kind eine wichtige Gedächtnisstütze für die phonematische Diskrimination. Das Phonembestimmte Manualsystem (PMS) dient als zusätzliche Lern- und Merkhilfe dazu, die Verknüpfung von Laut und Buchstabe zu unterstützen. Die Handzeichen sollten die wesentlichen Lautbildungsmerkmale demonstrieren und werden nur für die Laute eingesetzt, die dem Kind Schwierigkeiten bereiten.

7. Dehnlesen

Das Prinzip des Dehnsprechens wird nun auf die Schriftsprache übertragen. Unterstützt wird diese Phase des ganz langsamen, die einzelnen Phoneme auseinanderziehenden Lesens durch entsprechende optische Hilfen, wie z.B. das Auseinanderschreiben der Buchstaben (D r ch e n) oder das Auseinanderziehen eines breiten Gummibandes mit den entsprechenden Buchstaben. Durch das Dehnlesen lernt das Kind, dass die optische Wortstruktur „Drachen" unterscheidbare Elemente enthält, die nur in einer bestimmten Reihenfolge einen bestimmten Lautklang und eine bestimmte Bedeutung ergeben. Die Assoziation von Lautwert und Buchstabenform wird dadurch ebenfalls gestützt und die Synthesefähigkeit gefördert.

8. Diagramm-Darstellung

Die Durchführung der Analyse des Wortes „Drachen" in die Einzellaute stellt für sprachauffällige Kinder oft eine Überforderung dar. Eine zusätzliche Unterstützung der Phonemanalyse liefert die Elkonin-Methode. Das Kind wird aufgefordert, das Wort langsam und gedehnt zu sprechen und dabei für jeden einzelnen Laut ein Farbkärtchen in ein entsprechendes Diagramm zu legen, und zwar in der Reihenfolge von links nach rechts. Das Diagramm enthält so viele Fächer wie das Wort „Drachen" Phoneme. Die Farbkärtchen symbolisieren die einzelnen Laute.

9. Auditives Engramm

Zur Förderung der Fähigkeit von Phonemanalyse und -synthese wird den allseits bekannten Auf- und Abbauübungen eine Phase der akustisch-auditiven Förderung bei dem Wort „Drachen" vorgeschaltet. Diese Übungen unterstützen auch die unzureichend entwickelte auditive Merkfähigkeit und Sequenzbildung. Das Kind spricht den ersten Laut „D", dann den ersten und zweiten Laut „Dr", dann den ersten, zweiten und dritten Laut „Dra" usw. In der gleichen Weise werden die Abbauübungen durchgeführt ohne das Wort „Drachen" sehen zu können. Dieses auditive Spuren erleichtert zu einem späteren Zeitpunkt das fehlerfreie Schreiben des Wortes „Drachen".

10. Visuelles Engramm

Nachdem im sprachlich-auditiven Bereich die Engrammbildung und damit die Analyse und Synthese gelungen sind, werden nun optisch-visuelle Auf- und Abbauübungen zur Festigung der Buchstabenform und Wortstruktur durchgeführt: D - Dr - Dra - Drach - Drache - Drachen - Drache - Drach - Dra - Dr - D. Zunächst wird an der Tafel gelesen, dann geschrieben. Neben der Förderung der visuellen Merkfähigkeit wird auch die visuelle Reihenbildung gefördert. Abschließend werden die sprachlich-auditive und optisch-visuelle Analyse und Synthese kombiniert, d.h. das Wort „Drachen" wird nun geschrieben. Das Kind hat sich nun akustisch-auditiv und optisch-visuell sozusagen mit seinem geistigen Auge ein inneres Foto von dem Wort „Drachen" gemacht.

Übungen und Materialien zur Förderung der Sinne

Die tägliche Arbeit des Grundschullehrers wird zunehmend erschwert durch immer größer werdende Klassen, zu wenig Förderunterricht, zu viele Problemkinder und auch durch nicht vorhersehbare Ereignisse wie die Erkrankung eines Kollegen und die damit verbundene Vertretung in anderen Klassen. Daher fehlt ihm oft die Zeit, sich ausreichend auf einzelne Problemkinder einzustellen und vorzubereiten. Für diese Situation bietet dieses Kapitel eine große Palette an leicht um- und einsetzbaren Übungsmöglichkeiten und Materialien zur Förderung der Sinne im täglichen Unterricht. Diese Sammlung bildet keine Rangreihe und erhebt auch nicht den Anspruch auf Vollständigkeit. Sie ist aus der praktischen Arbeit heraus entstanden und hat sich in vielen Unterrichtssituationen bestens bewährt. Bei den Übungen werden die Bereiche Sehen, Hören sowie Tasten und Fühlen berücksichtigt; darüber hinaus werden zu den Bereichen Gleichgewicht, Geschmack und Geruch einige Materialien vorgeschlagen. Auch in diesem praktischen Kapitel will der Verfasser quantitativ durch die Auswahl der Übungen und Materialien der bisherigen Vernachlässigung der auditiven Wahrnehmung entgegensteuern.

Zum Bereich Sehen

Die Bedeutsamkeit der visuellen Fähigkeiten im Anfangsunterricht ist unbestritten, doch lange Zeit zu sehr in den Vordergrund der Fördermaßnahmen gerückt worden. Es muss daher vor einer Überbetonung gewarnt werden, da auch andere Wahrnehmungsfähigkeiten für den schulischen Erfolg eine Rolle spielen. Bei Kindern mit speziellen Problemen beim Lesen, Schreiben, Zeichnen und Rechnen ist es selbstverständlich von großer Wichtigkeit, dass die visuellen Fähigkeiten gefördert werden. Die visuomotorische Koordination, d.h. die Fähigkeit, das Sehen mit einzelnen Bewegungen des Körpers in Einklang zu bringen (z.B. die Auge-Hand-Koordination), spielt für das Lernen in der Schule eine zentrale Rolle. Weiterhin ist die Fähigkeit der Figur-Grund-Wahrnehmung wichtig, d.h. das Kind muss eine Gestalt (Buchstabe, Zahl, geometrische Figur) erkennen, auch wenn andere Zeichnungen und Darstellungen die im Mittelpunkt stehende Wahrnehmung einer bestimmten Figur erschweren. Darüber hinaus ist auch die Fähigkeit der Wahrnehmungskonstanz gefordert, d.h. gleiche Gegenstände, Zahlen oder Buchstaben trotz unterschiedlicher Darstellungen hinsichtlich Form, Größe und Farbe als gleich bzw. nicht gleich zu erkennen, wie auch die Fähigkeit zur Wahrnehmung der Raumlage, d. h. ein Gegenstand muss in eine räumliche Beziehung zum Betrachter gebracht werden, und schließlich auch die Fähigkeit zur Wahrnehmung der räumlichen Beziehungen, d. h. zwei oder mehrere Gegenstände zueinander in Beziehung bringen und darüber hinaus auch noch zum Betrachter. Alle genannten Fähigkeiten bilden eine grundlegende Voraussetzung für erfolgreiches Lernen in der Schule und müssen daher bei auffälligen Kindern gefördert werden; hierfür eignen sich die im Folgenden vorgestellten Übungen und Materialien besonders.

Allgemeine Übungen
Hierbei handelt es sich um Übungen, die keine spezielle Zielrichtung innerhalb des Bereichs der visuellen Wahrnehmung verfolgen:

- Unterschiedliche Lichtquellen anbieten und aussuchen lassen
- Verschiedene Lichteffekte mit der Taschenlampe und mit Glitzermaterial erzeugen
- Eine Taschenlampe leuchtet lang und kurz auf; das Kind macht entsprechend lange oder kurze Striche an der Tafel
- Lichtspiele im abgedunkelten Klassenraum, z. B. Schattenspiele
- Aufhängen von beweglichen Objekten, z. B. Mobile
- Zerschnittene Bildergeschichte wieder zusammenfügen (Puzzle)
- Gleiche Mengen einander zuordnen
- Farben und Formen einander zuordnen
- Vorgegebene Formen an die Tafel oder ins Heft zeichnen; dabei soll größer oder kleiner gezeichnet werden, lediglich die Proportionen müssen beibehalten werden

Mit den folgenden Übungen zur visuellen Wahrnehmung wird schwerpunktmäßig die Förderkonzeption von FROSTIG aufgegriffen.

Übungen zur visuomotorischen Koordination
Hier werden nun Übungen vorgeschlagen, die die Fähigkeit des Kindes fördern, das Sehen mit den Bewegungen des Körpers (Hände, Finger) in Einklang zu bringen:

- Greifen von verschiedenen kleineren Gegenständen, wie z. B. das Einsortieren von Streichhölzern in eine Streichholzschachtel oder das Aufziehen von Perlen auf eine Schnur
- Einsortieren der Streichhölzer gleichzeitig mit zwei Händen
- Fixieren eines Gegenstandes ohne und mit Drehung des Kopfes
- Verfolgen von Linien und Schwüngen in der Luft und an der Tafel
- Bewegungen der Augen mit dem Spiegel verfolgen
- Körperteile betätigen, lokalisieren, berühren und benennen lassen
- Lustige und traurige Gesichter auf ein bestimmtes Zeichen hin machen
- Ein Kind wird im Umriss auf eine Tapetenbahn gezeichnet und die einzelnen Körperteile werden benannt

- Zielwerfen mit Reissäcken in einen Kreis, einen Reifen oder einen Karton
- Mit den Füßen bunte Tücher hochwerfen
- Zuordnen von Bildern, geometrischen Figuren, Buchstaben oder Zahlen an der Hafttafel
- Muster in Steckbrettern nachstecken
- Verschiedene Schneideübungen an unterschiedlichen Papierqualitäten durchführen
- Faltübungen mit verschiedenen Papiersorten, z. B. verschiedene Faltmöglichkeiten von Servietten, das Falten von Tüten und Flugzeugen u. Ä.

Übungen zur Figur-Grund-Wahrnehmung
Diese Übungen fördern die Fähigkeit des Kindes, eine Gestalt (Figur) zu identifizieren, auch wenn andere Darstellungen und Zeichnungen (Grund) die konzentrierte und gezielte Wahrnehmung erschweren:

- Verschiedene Gegenstände nach Oberbegriffen sortieren, wie z. B. Tiere, Fahrzeuge, Spielsachen, Möbel usw.
- Kim-Spiele, d. h. an einer Reihe von Gegenständen, die vor dem Kind liegen, werden bei Abwesenheit des Kindes Veränderungen vorgenommen: Was wurde verändert?
- Gegenstände mit verbundenen Augen ertastet, erraten und benennen
- Spielerisches Arbeiten an Suchbildern durch den Vergleich von Bildern
- Reihen von Gegenständen und Bildern vergleichen, ordnen und sortieren. Was ist gleich? Was gehört nicht in diese Reihe?
- Figuren ergänzen, z. B. Punkte, Zahlen oder Linien zu einem ganzen Bild verbinden
- Bilder kurz zeigen, anschließend müssen die Kinder das Gesehene schildern

Übungen zur Wahrnehmungskonstanz
Die folgenden Übungen fördern die Fähigkeit des Kindes, gleiche Gegenstände, Figuren, Zahlen oder Buchstaben trotz unterschiedlicher Abbildungen (Farbe, Form, Größe, Lage) als konstant gleich zu erkennen:

- Hantieren und Bauen mit Bausteinen und Klötzen verschiedener Größe, Form und Farbe
- Farben und Formen werden einander zugeordnet (Gegenstände, Bilder)
- Vorgelegte oder dargestellte Gegenstände sortiert das Kind nach Farben, Formen oder Eigenschaften
- Vergleichen, Erkennen und Benennen von geometrischen Körpern, Figuren, Symbolen und Buchstaben
- Erarbeitung von Begriffen wie hoch, lang, breit, schmal, dick, dünn, gleich und ungleich an konkreten Materialien
- Erkennen von Formen in zusammengesetzten Figuren, wie z. B. in einem Puzzle
- Formen nachlegen mit Seilen, Schnüren, Wollfäden

- Formen und Muster nachlegen mit Streichhölzern oder Bausteinen
- Auf einem selbst hergestellten Nagelbrett bestimmte vorgegebene Figuren, Zahlen und Buchstaben mit einem Gummiband nachspannen
- Schablonen mit Bausteinen oder Erbsen auslegen

Übungen zur Wahrnehmung der Raumlage

Für diesen Bereich der visuellen Wahrnehmung werden Übungen empfohlen, die die Fähigkeit des Kindes fördern sollen, einen Gegenstand in eine räumliche Beziehung zu sich selbst (über, unter, vor, dahinter usw.) zu bringen:

- Den Körper in Beziehung zu bestimmten Gegenständen im Klassenraum bringen, z.B. „Stell dich so zum Stuhl, wie dein Mäppchen zum Heft liegt!"
- Übungen zur Rechts-Links-Orientierung mit dem Spiel „Mein rechter, rechter Platz ist leer …"
- Übungen zur Fixierung der Augen von Mitschülern
- Übungen mit Augenbewegungen von links nach rechts
- Bilder zu einer sinnvollen Bildergeschichte legen
- Verschiedene Symbolfolgen oder Reihen von geometrischen Figuren nachlegen

Übungen zur Wahrnehmung der räumlichen Beziehungen

Diese Übungen sollen bei dem Kind die Fähigkeit fördern, zwei und mehr Gegenstände, Figuren, Zahlen, Buchstaben oder Wörter in Beziehung zueinander und gleichzeitig auch zu sich selbst setzen zu können:

- Vorgegebene Muster oder Formen mit Holzstäbchen nachlegen oder mit Steckern in Steckbrettern nachstecken
- Labyrinthe mit dem Finger oder dem Bleistift durchzeichnen
- Angefangene Reihen von Figuren oder Formen vervollständigen
- Buchstaben- oder Zahlenreihen weiterführen
- Zeitliche Abläufe erkennen: Bildergeschichten z.B. zum Tagesablauf oder Schulvormittag
- Verbindungen herstellen, z.B. Bilder einander zuordnen

Materialien zum visuellen Bereich

- **Farbkreisel:** runde Pappscheibe mit zwei Farben, die jeweils eine Hälfte des Kreises ausfüllen; in der Mitte ein Stift mit angeschrägter Spitze, der dem Kreiseln dient; auswechselbare Farbscheiben (Kreisel drehen und Farbveränderungen während des Drehvorgangs beobachten)

- **Kaleidoskop:** verschiedene Ausführungen in runder oder eckiger Form mit Farbpartikeln in einem Stab oder verspiegelten und eingefärbten Flächen innerhalb des Kaleidoskops (durch Drehen des Kaleidoskops gegen das Licht entstehen immer neue Farb- und Formeindrücke)

- **Lupe:** Vergrößerungsglas, z.B. 7,5 cm Durchmesser, 5fache Vergrößerung (zum Betrachten kleiner Objekte)

- **Mandala:** Kreisbilder zum Ausmalen (mit Farbe anmalen; Wirkung der Farben erfahren, auf den Mittelpunkt konzentrieren)
- **Memory:** gerade Anzahl von Bildkärtchen, wobei jedes Bildmotiv zweifach vertreten ist (die zusammengehörigen Kärtchen sollen herausgefunden werden)
- **Optische Täuschungen:** Sammlung optischer Täuschungen mit Anleitungen zum Beobachten (anschauen und sich verblüffen lassen)
- **Prisma:** lichtbrechender Körper aus Glas (vielfältige Möglichkeiten der Handhabung mit verschiedenen Lichtquellen)
- **Schüttelgläser:** Gläser mit Schraubverschluss, in denen in Wasser verschiedene Gegenstände schwimmen (Glas bewegen, schütteln und der Bewegung zuschauen und damit experimentieren)
- **Seifenblasen:** gekaufte oder selbst hergestellte Seifenblasen mit kleinem Blasrohr; alternativ selbst gebogener Draht, der mit Mull umwickelt ist. (Draht oder Blasrohr in die Seifenlauge eintauchen und vorsichtig durchblasen)
- **Verwandlungsgesicht:** auf Karton aufgezeichnete Umrisse von Gesichtern, denen die Nasen- und Mundpartie fehlt; diese ist ersetzt durch eine bewegliche Schnur oder Kette (mit der Kette oder Schnur Gesichter nach eigenem Geschmack und Vergnügen legen)

Zum Bereich Hören

„Hör doch genau zu!", „Pass doch endlich mal auf!", „Du musst eben genau hinhören!" Solche Äußerungen führen bei Kindern im Idealfall dazu, dass sie sich anstrengen und konzentrieren. Aber auch dann gibt es Kinder in den Anfangsklassen der Grundschule, die immer noch Probleme dabei haben, genau hinzuhören. Daher scheint es dringend notwendig, die in den Lehrplänen vieler Bundesländer geforderte Hörerziehung zu intensivieren. Es ist jedoch nicht sinnvoll, sofort mit dem Heraushören von Lauten und Wörtern zu beginnen. Bei vielen Kindern muss zunächst ein Fundament für die Lautgestalten und das Einzellautbewusstsein aufgebaut werden. Der Einsatz von käuflichen Programmen, Spielen und Übungsmaterialien allein genügt nicht, weil hiermit auf die Heterogenität der auffälligen Kinder nicht eingegangen werden kann. Es müssen jedoch immer wieder die individuellen Bedürfnisse in den Mittelpunkt der Förderung gestellt werden. Dafür ist es effektiver, zeitökonomischer und finanziell auch günstiger, sich die notwendigen und sinnvollen Übungen für ein auffälliges Kind immer wieder selbst zusammenzustellen. Das auditiv auffällige Kind sollte sich zunächst mit nichtsprachlichem Material aus der unmittelbaren Umwelt beschäftigen, d. h. sprachunspezifische bzw. nonverbale Übungen stehen zu Beginn der Förderung im Vordergrund. In der folgenden Darstellung werden die einzelnen Aspekte einer Hörerziehung im nichtsprachlichen Bereich skizziert:

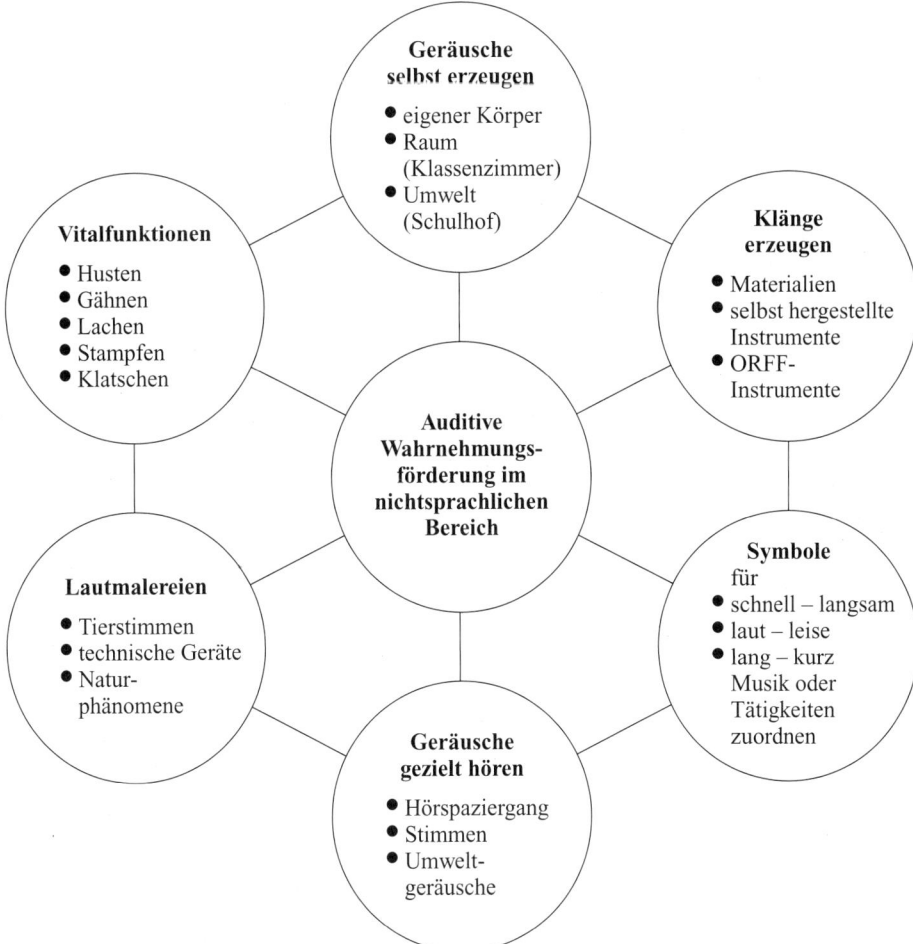

Geräusche selbst erzeugen
- eigener Körper
- Raum (Klassenzimmer)
- Umwelt (Schulhof)

Vitalfunktionen
- Husten
- Gähnen
- Lachen
- Stampfen
- Klatschen

Klänge erzeugen
- Materialien
- selbst hergestellte Instrumente
- ORFF-Instrumente

Auditive Wahrnehmungsförderung im nichtsprachlichen Bereich

Lautmalereien
- Tierstimmen
- technische Geräte
- Naturphänomene

Symbole für
- schnell – langsam
- laut – leise
- lang – kurz Musik oder Tätigkeiten zuordnen

Geräusche gezielt hören
- Hörspaziergang
- Stimmen
- Umweltgeräusche

Nichtsprachspezifische Übungen

- Geräusche, die mit den Händen, mit dem Mund, mit den Beinen/Füßen und mit der Stimme gemacht werden können (schnalzen, klatschen, stampfen, lachen, weinen, rufen usw.) kennen lernen und wieder erkennen
- Geräusche, die mit Gegenständen im Klassenraum erzeugt werden können (Licht anknipsen, Wasser laufen lassen, Stühle rücken usw.), kennen lernen und wieder erkennen
- Geräusche mit einfachen mitgebrachten Gegenständen erzeugen, wie verschiedene Papiersorten (Pergament-, Seiden-, Zeitungs-, Butterbrotpapier), Plastikbecher, Steine, Nägel, Dosen, Deckel, Gläser, ...

- Geräusche im Klassenzimmer, in der Pause, auf dem Spielplatz oder im Wald mit dem Kassettenrekorder aufnehmen. Anschließend sollen die anderen Kinder der Klasse die Geräusche erkennen, benennen und dem jeweiligen Bereich (Pausenhof, Spielplatz, Wald, Straße) zuordnen.
- Klänge mit selbst hergestellten Instrumenten, wie Rasselbüchsen, Klanghölzer, Schellen, Gummiringe, Trommeln etc., erzeugen
- Übungen und Experimente mit ORFF-Instrumenten
- Erlebnis der Stille und bewusstes Lauschen und Hören auf Geräusche (Zimmer, Wald, Spielplatz, Straße, Geschäft)
- Gegenstände fallen lassen und erraten lassen
- Grafische Zeichen akustischen Signalen zuordnen, z. B. dicker Punkt für laute Töne und kleiner Punkt für leise Töne oder Strich für lange und Punkt für kurze Töne
- Alltagsgeräusche erkennen, indem die Kinder mit dem Kassettenrekorder Geräusche aus dem Alltag aufnehmen, den Mitschülern vorspielen und erraten lassen. Folgende Situationen bieten sich hierfür an: Morgens im Badezimmer, Am Frühstückstisch, Im Schulbus, In der Pause, Im Unterricht, Im Kinderzimmer, Beim Mittagstisch, Bei den Hausaufgaben, Beim Spielen, Abends im Wohnzimmer, Beim Einschlafen. Auch ein einfacher Vorgang, d. h. eine Abfolge weniger Handlungen, kann für ein solches Hörrätsel genutzt werden, z. B. das Zähneputzen (Wasserhahn aufdrehen, Becher füllen, Zahnpasta aus der Tube drücken, Zähne bürsten, gurgeln, ausspucken, Bürste und Becher reinigen).
  So kann man mit einem Hörrätsel arbeiten:
  1. Mehrfaches konzentriertes Hören der Geräusche
  2. Geräusche erraten und benennen
  3. Sätze mündlich formulieren und in der richtigen Reihenfolge aufschreiben
  4. Stilles und lautes Lesen der Geschichte
  5. Geräusche abspielen und gleichzeitig die Geschichte vorlesen
- Mit Instrumenten und verschiedenen Lautstärken experimentieren
- Lustige und traurige Melodien unterscheiden und bestimmte Bewegungen dazu erfinden
- Jedes Kind stellt ein Verkehrsmittel dar (Fahrrad, Auto, LKW). Das Kind darf erst dann fahren, wenn sein Geräusch ertönt.
- Anschleichspiele, wie z. B. „Bello, der Wachhund"
- Tierstimmen im Spiel erkennen
- Körpergeräusche nachahmen
- Gegenstände abklopfen und dem Klang lauschen
- Spiel: Was reimt sich?
- Kim-Spiele mit Tönen und Geräuschen (Reihenfolge oder Vollständigkeit verändern)
- Eine Folge von Geräuschen vorgeben und wiederholen lassen
- Rhythmen vorgeben und nachklatschen lassen

Im Anschluss an diese mehr motivierenden und zur eigentlichen Hörerziehung hinführenden Spiele können nun verschiedene Übungen im sprachlichen Bereich eingesetzt werden.

Sprachspezifische Übungen

- Anweisungen und Aufträge im Klassenraum oder im Schulgebäude in der vorgegebenen Reihenfolge ausführen
- Nachsprechen ein- und mehrsilbiger Wörter mit Tonbandkontrolle
- Nachsprechen einer Wortreihe
- Nachsprechen von Silben in Wörtern
- Nachsprechen kurzer Sätze
- Nachsprechen längerer Sätze
- Wörter umdrehen und erklären, wie z. B. Milchtüte, Türschloss, Hundehütte, …
- Gleiche und verschiedene Wörter erkennen
- Falsche und richtige Wörter erkennen
- Bilder mit bestimmten Anfangs-, Aus- und Inlauten aus verschiedenen Bildreihen heraussuchen
- Bilder von ähnlich klingenden Wörtern zeigen und heraussuchen lassen
- Reime bilden mit vorgegebenen Wörtern
- Reime raten: Nüsse knacken-Kuchen …
- Wortketten bilden, wie z. B. in dem Spiel „Kofferpacken" oder „Was wir auf der Straße alles sehen"
- Artikulationsübungen mit schwierigen Wörtern und Unsinnsilben
- Heraushören eines Lautes aus einer Anzahl von Lauten verschiedener Lautgruppen
- Differenzieren von Lauten derselben Lautgruppe, z. B Zischlaute wie S-Sch-X-Z
- Heraushören von Lauten aus einsilbigen Wörtern (Anlaut/Auslaut)
- Heraushören von Lauten aus mehrsilbigen Wörtern (Anlaut/Auslaut)
- Heraushören von Wörtern aus Sätzen
- Heraushören von Wörtern aus kleinen Geschichten
- Laute vorgeben und nach bestimmten Gesichtspunkten, z. B. nach dem Alphabet, ordnen
- Buchstaben-Kette, d. h. das Kind nennt ein Wort, das nächste muss ein Wort mit dem letzten Buchstaben des gehörten Wortes bilden
- Zahlenreihen vorgeben und wiederholen lassen
- Zahlen vorgeben und ordnen lassen
- Reimwörter vorgeben und eine Geschichte erzählen lassen
- Märchen vorlesen und anschließend Fragen stellen.
- Unsinn-Sätze beantworten lassen: Können Hunde fliegen? Sind Schnecken schnell?

- Sätze logisch beenden lassen: Zum Werfen braucht man die Hände, zum Laufen die …
- Sprachspiele aus dem Fernsehen nachahmen, wie die Montagsmaler, Dalli-Dalli, Beruferaten, …
- Sprachspiele wie diese:

– *Die lustige Essgeschichte*
(Material: selbst erfundene Essgeschichte)
Der Lehrer erzählt den Kindern eine lustige Essgeschichte und die Kinder müssen während des Erzählens unterscheiden, ob das Erzählte der Wahrheit entspricht oder nicht. Bei einem Erzählfehler (z. B. Schuhcreme auf dem Butterbrot) springen die Kinder auf, klatschen in die Hände und setzen sich wieder hin.

– *Ich packe meinen Koffer*
(Material: Wortbildkarten)
Der Lehrer beginnt das Spiel: „Ich packe in meinen Koffer lauter Dinge, die mit L anfangen." Er hält eine Bildkarte hoch, die einen Löffel darstellt.
„Ich packe in meinen Koffer einen LLL – Löffel" (lang gedehntes Sprechen des L).
Jetzt zieht das nächste Kind eine Bildkarte, auf der wiederum ein Gegenstand mit dem Anlaut L abgebildet ist. Das Kind wiederholt den Satz des Lehrers und fügt einen Gegenstand hinzu: „Ich packe in meinen Koffer einen Löffel und eine Laterne."

– *Hänschen piep einmal*
(Material: Tuch oder Schal)
Die Kinder sitzen im Kreis und ein Kind, das in der Mitte des Kreises mit verbundenen Augen steht, setzt sich auf den Schoß eines anderen, an dessen „Piepen" muss es nun erkennen, um welchen Mitschüler es sich handelt.

– *Dampfer im Nebel*
(Material: Pfeife, Rassel, Triangel u. Ä.)
Vier bis fünf Kindern werden die Augen verbunden; sie stellen sich zu einem „Dampfer" sehr eng hintereinander. Die anderen Kinder verteilen sich mit ihren Instrumenten in der Klasse. Der Lehrer erzählt nun eine Geschichte von einem Dampfer, der im Nebel verschiedene Häfen ansteuern will und dabei nur nach Geräuschen fahren kann. Der Dampfer fährt z. B. zuerst auf den Hafen zu, der Pfeiftöne von sich gibt, dann dorthin, wo die Rassel ertönt usw.

– *Das Telefonfräulein*
(Material: Tuch oder Schal)
Ein Kind steht mit verbundenen Augen in der Mitte eines Kreises, es ist das Telefonfräulein. Das Telefonfräulein wird nun mehrere Male um die eigene Achse gedreht, während zur gleichen Zeit alle im Kreis sitzenden Kinder schnell ihre Plätze tauschen. Alle im Kreis sitzenden Kinder strecken ihre Hand vor, sodass das Telefonfräulein mit ausgestreckter Hand eine andere Hand gut erreichen kann. So stellt das Telefonfräulein, indem es eine Hand erwischt, eine Telefonverbindung her. Es beginnt ein kurzes Gespräch, stellt Fragen aus dem Schulalltag und soll nun an der Stimme erkennen, mit wem es verbunden ist. Wenn es falsch rät, rufen alle Kinder „Falsch verbunden" und das Telefonfräulein muss eine neue Telefonverbindung herstellen. Wenn es richtig rät, wird das erkannte Kind Telefonfräulein.

– *Beim Ohrenarzt*
(Material: ähnlich klingende Wörter wir Bären–Beeren, Drachen–krachen, Herd–Pferd)
Zwei Stuhlreihen stehen sich in ca. acht Meter Entfernung gegenüber. Die Kinder sitzen zunächst auf der einen, der Lehrer als „Ohrenarzt" auf der anderen Seite. Er flüstert nun dem ersten Kind ein Wort zu. Hat das Kind das Wort richtig verstanden und nachgesprochen, nimmt es auf der Stuhlreihe neben dem Lehrer Platz. Wird das vorgeflüsterte Wort nicht richtig wiedergegeben, so kommt das Kind jeweils einen Schritt näher und setzt sich auf den Fußboden. Das Spiel ist dann beendet, wenn alle Kinder auf der Stuhlreihe des Lehrers sitzen. Jetzt kann ein Kind die Rolle des Ohrenarztes übernehmen.

– *Stille Post*
Die Kinder stehen oder sitzen im Kreis; ein Kind denkt sich einen Satz aus und flüstert ihn dem Nachbarn ins Ohr. Dieser gibt dem Nachbarn weiter, was er gehört hat. Am Schluss gibt das erste Kind bekannt, was es zu Beginn geflüstert hat. Wichtig ist hierbei zu erklären, warum es manchmal zu Hörfehlern kommt.

Sind die auditiven Auffälligkeiten begrenzt, überschaubar und diagnostisch exakt abgeklärt, dann kann auch im Sinne einer funktionsorientierten Kurzzeitförder-maßnahme auf bestimmte spezielle Bereiche – z. B. im Rahmen des wöchentlichen Förderunterrichts – intensiver eingegangen werden. Hierzu einige systematisch nach spezifischen Ausfällen geordnete Übungsvorschläge:

- *Übungen zur auditiven Aufmerksamkeit*
  – Selbst gemachte Geräusche ohne Hilfsmittel (z. B. mit den Händen, mit dem Mund, mit der Stimme) sollen von den Kindern bewusst gehört, beobachtet und nachgemacht werden.
  – Selbst gemachte Geräusche mit Hilfsmitteln (z. B. verschiedene Papiersorten, Steine) sollen von den Kindern bewusst wahrgenommen und identifiziert werden.
  – „Hörspaziergänge" werden von den Kindern in der Klasse, auf dem Schulhof oder auf der Straße durchgeführt (Aufnahme mit dem Kassettenrekorder). Die Geräusche werden nun in der Klasse abgehört und identifiziert.

- *Übungen zur auditiven Lokalisation*
  – Geräusche (Körpergeräusche, Raumgeräusche, Instrumentengeräusche) werden erzeugt und die Kinder versuchen blind die Richtung der Geräuschquelle zu lokalisieren.
  – Die Kinder bewegen sich innerhalb der Klasse mit verbundenen Augen auf verschiedene Geräuschquellen zu (z. B. Radio, Trommelschlag, Lehrerstimme).
  – Die Geräuschquelle bewegt sich im Raum (z. B. Lehrer, Blechdose mit Erbsen gefüllt) und die Kinder bewegen sich in der gleichen Richtung.

- *Übungen zur auditiven Figur-Grund-Unterscheidung*
  – Die Kinder lärmen bewusst und laut in der Klasse und ein bestimmtes Kind soll ein ganz bestimmtes Geräusch heraushören, nachahmen und lokalisieren.
  – Die Kinder sind auf dem Schulhof und sollen während des Spielens auf Interjektionen, Namen und kurze Fragen reagieren.
  – Beim Spaziergang durch eine sehr belebte und verkehrsreiche Straße sollen die Kinder ganz bestimmte Geräusche heraushören und angeben, was bestimmte vorbeigehende Menschen gerade gesagt haben.

- *Übungen zur auditiven Diskrimination*
  – Verschiedene Geräusche (Tür schließen, Wasser laufen lassen, Schlüsselbundrasseln, Husten, Papier zerschneiden usw.) sollen mit verbundenen Augen erkannt werden.
  – Einfache Rhythmen, Silben und Wörter (zwei- bis fünfsilbige) sollen bewusst wahrgenommen, dann gleichzeitig gesprochen und geklatscht werden.
  – Anfangs- und Endlaute vorgesprochener Wörter sollen erkannt werden; Wörter, die mit einem vorgegebenen Laut beginnen, sollen gesucht werden; Reimpaare sollen gebildet und ähnlich klingende Wörter (Drachen – krachen) sollen exakt gehört und nachgesprochen werden.

- *Übungen zur auditiven Sequenz*
  – Eine vorgemachte Geräuschkette oder gesprochene Lautreihe soll von den Kindern exakt wahrgenommen und in der richtigen Reihenfolge wiederholt werden.
  – Klänge und Töne sollen gehört, mitgezählt und anschließend – entsprechend der Anzahl der gehörten Einzelelemente – in Bewegung umgesetzt werden (z. B. in Schritte).
  – Anweisungen des Lehrers („Steh auf, geh zur Tür, mach das Licht aus, geh zum Waschbecken und komm wieder auf deinen Platz zurück!"), Zahlen und Wörter sollen in der gleichen Reihenfolge ausgeführt bzw. nachgesprochen werden.

- *Übungen zum auditiven Gedächtnis*
  – Drei Geräusche werden vom Lehrer erzeugt (Körper- oder Raumgeräusche), von denen zwei vom Kind benannt werden; zunächst soll es die beiden Geräusche nachahmen und anschließend angeben, welches Geräusch fehlt (alle Übungen werden quantitativ gesteigert).
  – Der Lehrer erzählt eine „Geräuschgeschichte"; danach sucht das Kind aus einer großen Anzahl ihm vorgemachter Geräusche diejenigen heraus, die zur Geschichte passen.
  – Der Lehrer fordert das Kind auf, die vorgegebenen Anweisungen in der gleichen Reihenfolge durchzuführen (Anweisungen werden quantitativ gesteigert): „Halte dein Ohrläppchen mit der rechten Hand, hüpf mit dem rechten Fuß dreimal, mit dem linken zweimal und klatsche anschließend dreimal in die Hände!"

Hörspiel-Stationen

Bei dieser Art der Hörerziehung sollen die Kinder aus eigener Motivation zum Hören angeregt und hingeführt werden, d. h. sie werden nicht zum Hören gezwungen, sondern durch die Auswahl der Spiele, Übungen und Lernmaterialien neugierig gemacht. Die Kinder sollen das Hören weitgehend selbständig und experimentierend erfahren. Die Mehrzahl der Höranlässe bezieht den persönlichen, individuellen und kindlichen Erfahrungsraum mit ein.

Zu ausgewählten Themen der Hörerziehung werden verschiedenartige Stationen aufgebaut, die das Kind im Bereich der akustisch-auditiven Wahrnehmung unterschiedlich anregen und fördern sollen. Jede Station sollte dabei so eingerichtet sein, dass das Kind relativ selbständig arbeiten kann; dadurch hat der Lehrer mehr Zeit zur gezielten Beobachtung und individuellen Hilfe. Frontalunterricht und Einzelförderung werden bei dieser Hörerziehung ersetzt durch ein Lernen an verschiedenen Stationen in Form von Partner- oder Kleingruppenarbeit. Die Anzahl der einzelnen Stationen, deren Umfang und die Dauer der Stationsarbeit werden vom Lehrer zuvor festgelegt. Welche Stationen für alle Kinder verpflichtend sind und welche auf freiwilliger Basis bearbeitet werden, wird vor Beginn der Arbeit durch den Lehrer angegeben. Die Reihenfolge der einzelnen Stationen und das Arbeitstempo legen die Kinder selbst fest. Der Ablauf eines so konzentrierten Unterrichts könnte dann so aussehen:

1. Anfangsgespräch:
   Heranführung an die Hörthematik der Stationen.
2. Besprechung der Stationen:
   Rundgang entlang der Stationen, wobei die jeweiligen Aufgaben bereits angesprochen und erklärt werden.
3. Stationsarbeit:
   Die Kinder arbeiten an den Stationen, der Lehrer beobachtet und unterstützt individuell.
4. Darstellung:
   Die Kinder berichten über ihre Arbeit an den Stationen und stellen ihre Ergebnisse vor.

Mögliche Stationen:

Station 1: Geräusche und Klänge erzeugen, erkennen und unterscheiden
Ziel: Förderung des Hörens mittels selbst erzeugter Höranlässe
z. B.:
- Geräusche raten (Körper- und Raumgeräusche)
- Hörrätsel (Händewaschen, Zähneputzen u. Ä.) lösen
- Instrumentenquiz (ORFF-Instrumentarium bzw. selbst hergestellte Instrumente)

Station 2: Aufnahme und Reproduktion von Höreindrücken und -anlässen
Ziel: Förderung des Hörens mittels Tonkonserven bzw. Tonträger
z. B.:

- Hörspaziergänge (Schulhof, Kinderspielplatz, Straße) aufnehmen und sprachlich wiedergeben
- Hörkrimi herstellen (Geräuschgeschichte aufnehmen und interpretieren)
- Geräusche und Klänge mit dem Kassettenrekorder aufnehmen und beim Abhören benennen

Station 3: Hör-Sprechspiele zu einem selbst gewählten Laut bzw. einer Lautverbindung
Ziel: Förderung des Hörens mittels lautbezogener Hör-Sprechanlässe
z. B.:

- Lautbilderrätsel lösen (z. B: erkennen, dass verschiedene Begriffe den gleichen Anlaut haben)
- Bekannte Wörter zu einem vorgegebenen Laut finden
- Lautgeschichten analysieren (Einzellaute aus gesprochener Sprache heraushören)

Station 4: Analyse- und Syntheseübungen zu einem bestimmten Laut
Ziel: Förderung des lautbezogenen Hörens im Leserechtschreibprozess
z. B.:

- Gummibandlaute (Identifizieren von Lauten bei gedehntem Sprechen oder Lesen)
- Gesungenes Lautspiel (gesungene Wörter, z. B. Hallihallo, Fideralala, Holahi u. Ä., in Laute aufgliedern)
- Lautsätze (Wörter zu einem bestimmten Anlaut finden und diese zu sinnvollen oder Unsinnsätzen verbinden).

Je nach Art der Stationen kann es erforderlich sein, einen weiteren Raum (Flur) einzubeziehen.

Unterrichtsstunde zum Thema „Händewaschen"

In einem Unterrichtsbeispiel soll nun versucht werden die Förderung der auditiven Sequenz (Reihung) in den Vordergrund der didaktisch-methodischen Überlegungen zu stellen.

Einstieg: Die Kinder hören im Sitzkreis ein Hörrätsel mit den Geräuschen des Händewaschvorgangs. Die Kinder äußern sich spontan dazu, lösen das Rätsel und berichten von eigenen Händewascherfahrungen.

Erarbeitung: Der Lehrer spielt die Kassettenaufnahme abschnittweise noch einmal vor. Die Kinder sollen konzentriert zuhören, die einzelnen Geräusche identifizieren und verbalisieren. Am Waschbecken wird der Vorgang nach der gehörten Reihenfolge von einigen Kindern nachvollzogen. Ein Händewaschvorgang wird dabei mit dem Kassettenrekorder aufgenommen.

Vertiefung: Die Kassette wird sequenzweise oder vollständig abgespielt und die Kinder stellen den Waschvorgang parallel zu den gehörten Geräuschen pantomimisch dar.

Festigung: Die Kinder verbalisieren den gesamten Händewaschvorgang.

Analog dieser kurz skizzierten Unterrichtsstunde könnten folgende Themen in ähnlicher Weise unterrichtlich behandelt werden: Zähneputzen, Geschirrspülen, Duschen, Telefonieren, Tischdecken u. Ä.

Solche Unterrichtsstunden haben einen hohen Aufforderungscharakter und bieten eine zusätzliche Motivation zum konzentrierten Zuhören und aktiven Tun.

Materialien zum auditiven Bereich:

- **Bechertelefon:** zwei leere Joghurtbecher werden durch ein Loch im Becherboden mit einem Bindfaden verbunden, der mit Zahnstochern befestigt wird (ein Kind hält die Becheröffnung an den Mund und spricht hinein, das andere hört bei straff gespannter Schnur die Nachricht)

- **Flaschenklavier:** Flaschen mit verschiedenem Wasserstand, evtl. Klöppel zum Anschlagen (entweder über oder in die Flaschenöffnung pusten um verschiedene Töne hervorzubringen oder Flaschen mit dem Klöppel in Höhe der Wassersäule anschlagen)

- **Glühbirnrassel:** alte Glühbirne einkleistern und mit Zeitungsschnipseln bekleben (mehrlagig), trocknen lassen, bemalen; Glühbirne kurz und heftig an einen festen Gegenstand schlagen, damit das Innere (Glas) zerbricht (rasseln, Rhythmen erfinden, Geräuschgeschichte erfinden)

- **Heulschlauch:** 60 bis 90 cm langes geripptes Kabelrohr (Rohr an einem Ende festhalten und über dem Kopf schnell kreisen lassen; entstehenden Heulton mit unterschiedlichem Drehtempo variieren)

- **Hörmemory:** leere Filmdöschen werden jeweils paarweise mit den gleichen Materialien gefüllt (z. B. Schrauben, Büroklammern, Radiergummistücke, Tintenpatronen, Salz, Geldstücke, …), die im geschlossenen Gefäß klappern (die Dosen werden durch Schütteln zum Klingen gebracht; es sollen die jeweils gleichen Klangqualitäten erkannt und zugeordnet werden; Kontrolle durch Öffnen der Dosen oder durch Farbmarkierung)

- **Kassettenrekorder:** Kassettenrekorder mit eingebautem Mikrofon und Kopfhörer, bespielte Kassetten mit Geräuschen (Natur, Autos, Maschinen, …), Musik und Klängen, Leerkassetten zum Besprechen mit Hörspielen (hören der Kassetten; besprechen und bespielen der Kassetten für andere Kinder mit Hör- und Musikbeispielen)

- **Kazoo:** leere Klopapierrolle mit kreisrundem Transparentpapier mit Hilfe eines Gummiringes an einer Öffnung bespannen, Loch in die Pappröhre stechen (Papprolle mit der offenen Seite an den Mund legen und hineinsingen oder -sprechen)

- **Klanginstrumente:** Trommeln, Klanghölzer, Triangel und andere Rhythmusinstrumente des ORFF-Instrumentariums aus unterschiedlichen Materialien (Erzeugen von Klängen durch Anschlagen mit der Hand oder dazugehörigem Material)

- **Kugelrohr:** Isolationsrohr aus Plastik, das flexibel und gerippt ist, Murmel (Murmel durch das gebogene Rohr sausen lassen)

- **Luftsack:** aufgeblasene Plastiksäckchen (Säckchen leicht drücken und so zum Knistern bringen)

- **Muschel mit Meeresrauschen:** Muscheln, in denen das Meeresrauschen des eigenen Körpers zu hören ist (Muschel zum Ohr führen und lauschen)

- **Papprollenstethoskop:** längere Pappröhre (mit der Pappröhre am Ohr Geräusche wie Herzschlag, Flüstern, Uhrenticken einfangen)

- **Zupfbecher:** Joghurtbecher mit Gummiringen bespannen, indem sie seitlich mit Klebeband befestigt werden, damit sie nicht wegrutschen (Gummiringe durch Zupfen zum Schwingen bringen)

Zum Bereich Tasten und Fühlen

Neben den bereits erwähnten Bereichen Hören und Sehen nimmt auch das Tasten und Fühlen mit den Händen und Fingern vor allem für das Schreiben und Malen eine zentrale Schlüsselstellung ein. Hier spielen die Wahrnehmung des eigenen Körpers, die Sensibilität für die Bewegungen, die Spannung und Erschlaffung der Muskeln bzw. Muskelgruppen sowie das Berühren, Tasten und Fühlen mit der Haut, mit den Händen und den Fingern eine wichtige Rolle. Daneben ist es in der Grundschule aber auch von großer Bedeutung, dass die äußeren Rahmenbedingungen beim Schreiben und Malen beobachtet und kontrolliert werden. Immer wieder fällt auf, dass die Kinder keine passenden Stühle und Tische zur Verfügung haben. Sie stoßen mit den Knien an der Bank an und die Füße haben keinen Kontakt zum Fußboden. Darüber hinaus bemerken manche Pädagogen erst sehr spät oder leider überhaupt nicht, dass die Sitz- und Stifthaltung beim Malen oder Schreiben nicht angemessen sind (vgl. hierzu die Anregungen von LOOSE/PIEKERT/DIENER 1997).

Sitzhaltung
Bei einer korrekten Sitzhaltung muss das Kind beide Füße in einem hüftbreiten Abstand auf den Fußboden stellen können. Die beiden Oberschenkel sind waagerecht und die Unterschenkel senkrecht. Das Kind soll aufrecht sitzen, d.h. die Wir-

belsäule ist gerade und das Gesäß gleichmäßig belastet. Der Oberkörper und insbesondere die Schultern sind locker, Verkrampfungen müssen unbedingt vermieden werden. Die Unterarme liegen locker auf dem Tisch, wobei der Schreibarm mit dem Ellenbogen auf dem Tisch liegen soll. Daher ist auch die richtige Tisch- oder Bankhöhe von großer Bedeutung. Ebenso ist darauf zu achten, dass das Kind ausreichend Platz hat.

Stifthaltung

Gerade bei Schulanfängern fällt auf, dass sie sich im Laufe der Kindergartenzeit eine falsche Stifthaltung, wie z.B. in extremer Form den Faustgriff, angeeignet haben. Fehlhaltungen der Finger und Hand beim Schreiben führen zu Verkrampfungen und zum raschen Ermüden beim Malen und Schreiben, sodass Freude, Lust und Spass schnell schwinden. Daher ist die richtige Stifthaltung Grundvoraussetzung für das Schreiben in der Schule. Der Stift wird im Idealfall mit dem Mittelfinger, dem Zeigefinger und dem Daumen gehalten; wir sprechen hier von dem Pfötchengriff. Es ist auch wichtig die Schreibunterlage (Blatt, Heft, Zeichenblock) nicht zu dicht an den Oberkörper heranzuziehen. Beim Rechtshänder soll das Heft halb rechts vor dem Körper und beim Linkshänder halblinks vor dem Oberkörper liegen. In vielen Fällen ist die Fehlhaltung nach mehreren Schuljahren so stark eingeübt und automatisiert, dass unter Umständen von einer Korrektur der Stifthaltung Abstand genommen werden muss. Die individuelle Stifthaltung sollte dann akzeptiert werden.

Übungen zur Förderung der Feinmotorik

Im Vordergrund stehen bei diesen Übungen Freude, Spaß, Aktivität und Selbständigkeit des Kindes. Eine positive und aufgeschlossene Haltung des Lehrers sowie das ständige Variieren der einzelnen Übungen kann die Kinder beim Üben begeistern. Alle Übungen können mit der gesamten Klasse, mit einer Gruppe und einzeln durchgeführt werden.

Nachdem Sitz- und Stifthaltung überprüft worden sind, ist es weiterhin wichtig, auf rutschfeste Tisch- oder Bankunterlagen zu achten. Hier bieten sich für das Schreiben und Malen Tapeten, alte Wachstischdecken, alte Bettlaken, Pappe jeglicher Art und abwaschbare Tische an. Geeignete Schreibgeräte für den Schulanfänger sind: dicke Wachsmalstifte, Rasierpinsel, dicke, eckige Pinsel, Kohlestifte, Filzstifte, Holzstifte, Fingerfarben, Plakafarben, Naturschwämme, Straßenmalkreide und Tafelkreide. Als Materialien zum Malen und Schreiben bieten sich an: Rasierschaum, Kleister, Knetmasse, Teig, Sandkasten. Das Kneten zählt zu den wichtigsten Übungen, weil hier die Muskulatur der beiden Hände und Unterarme in besonderer Weise trainiert wird. Ebenso werden das Fingerspitzengefühl sowie der Sinn für Größenverhältnisse und Formgebung gefördert. Malen und Zeichnen haben gerade im Anfangsunterricht eine zentrale Bedeutung: viele Kinder malen sich regelrecht frei und locker und bereiten sich so individuell auf das eigentliche Schreiben vor. Hier nun eine Reihe weiterer vorbereitender Übungen:

- Rechte und linke Hand abwechselnd zur Faust ballen
- Gesäß zusammenkneifen
- Zehen anziehen und strecken
- Muskelprotz spielen
- Hände innen und außen aneinander drücken
- Schaumstoffbälle zusammendrücken
- Gegenstände mit verbundenen Augen ertasten
- Gegenstände in einem Tastsack oder in einer Tastkiste ertasten
- Mit verbundenen Augen einen Turm o. Ä. bauen
- Mit verbundenen Augen gleiche Gegenstände einander zuordnen (z.B. Schuhe)
- Mit verbundenen Augen Gegenstände nach Oberbegriffen ordnen, z.B. Obst, Schreibgeräte, lange und kurze, raue und glatte Gegenstände
- Mit verbundenen Augen versuchen Rasierschaum, Knetmasse, Plastilin oder Teig in zwei gleich große Teile aufzuteilen
- Individuelle Kritzel- und Malübungen ohne Vorgaben und Vorlagen im Liegen, im Stand oder in der Hocke durchführen
- Formen und Zeichen werden dem Kind mit dem Finger auf bestimmte Körperteile gemalt, z.B. Hand, Rücken; das Kind soll die Formen erkennen
- Arme, Hände und Finger lockern und fließende Bewegungen in der Luft ausführen, wie z.B. Wellen, Kreise, liegende Acht u.Ä.
- Bunte Tücher nach Musik schwingen
- Beugen und Strecken der Arme
- Verschiedene Materialien (Reis, Linsen, Erbsen, Sand, Kaffee, Perlen) mit verschiedenen Löffeln (klein, groß, flach, tief) von einer Schale in eine andere löffeln
- Strecken und Beugen der Finger sowie spezielle Fingerübungen z.B. Daumen und Zeigefinger gleichzeitig berühren, dann Daumen und Mittelfinger berühren usw., und zwar sowohl mit einer Hand als auch mit beiden Händen gleichzeitig
- Kreise und Vierecke verschiedener Größe mit Rasierschaum oder Kleister malen
- Buchstaben, Silben und kurze Wörter aus Sandpapier oder Styropor ertasten
- Kugeln verschiedener Größe aus Plastilin oder Knetmasse herstellen
- Tiere für einen Zoo kneten
- Gebrauchsgegenstände formen (Geschirr)
- Muster und Formen mit einem Streichholz in Knetmasse drücken
- Ausschneideübungen (Zeitungen, Illustrierte und alte Kataloge)
- Faltübungen (Fächer, Notizbüchlein, Schiffchen, Luftschwalbe)
- Zerreißen unterschiedlicher Papiersorten: Tapete, Butterbrotpapier, Serviette, Toilettenpapier, Zeitungspapier, …
- Papierriss nach Vorzeichnung
- Sandpapier nach Korngröße ordnen
- Schneemann aus Wollfäden aufkleben
- Bestimmte Formen mit Rasierschaum oder mit Fingerfarben nachmalen

- Muster und Schablonen mit Farben ausmalen (z. B. Mandalas)
- Kreuz und quer spuren, anschließend die entstandenen Felder bunt ausmalen
- Malen mit Deckfarben auf angefeuchtetem Papier (Nass-in-Nass-Techniken)
- Geeignete Malthemen: Beim Bäcker liegen viele Brote und Brezeln, beim Metzger hängen viele Würste, im Meer schwimmen viele Fische, Mama hat ein schönes Kleid an mit tollen Mustern, …
- Weitere schreibmotorische Übungen sind:

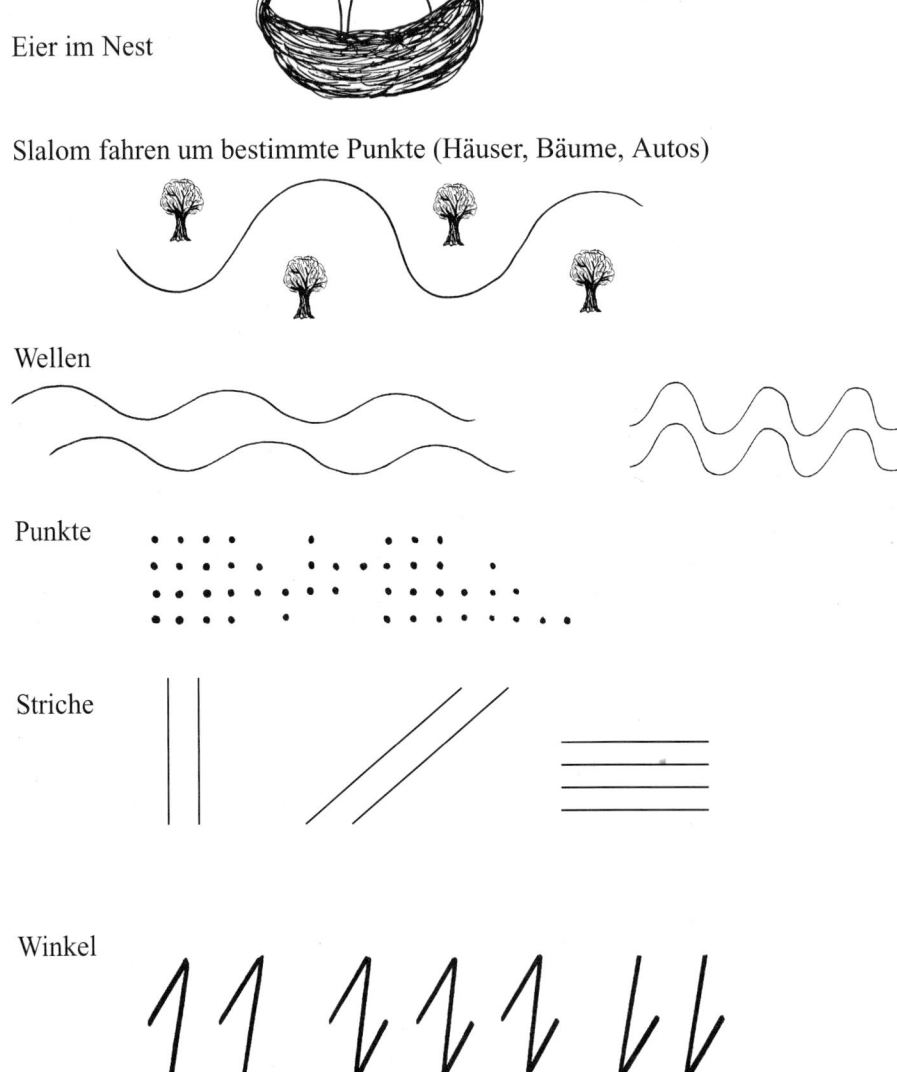

Eier im Nest

Slalom fahren um bestimmte Punkte (Häuser, Bäume, Autos)

Wellen

Punkte

Striche

Winkel

Ovale

Arkaden

Girlanden

Achten

Schleifen

Geraden

Kreise
und Ovale

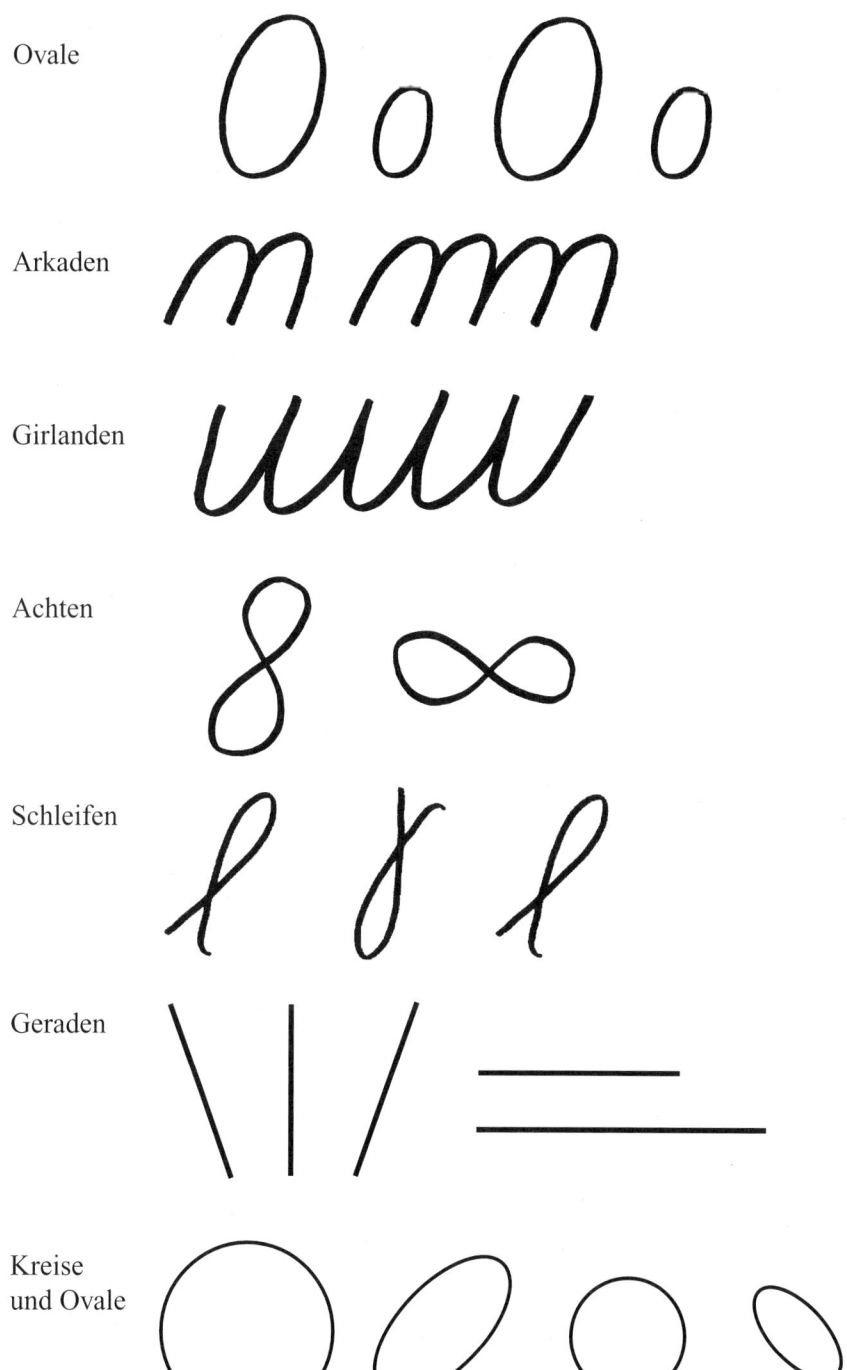

Halbkreise
und Halbovale

Zickzack

Symmetrische
Motive, z. B.
Schmetterlinge

Musikmalen

Beim Hören von Musik wird beim Kind Bewegung initiiert und provoziert. Die Musik wird nach bestimmten Kriterien wie Tempo, Takt, Rhythmus, Melodie, Dynamik, Klangfarbe subjektiv empfunden. Beim Musikmalen geht es nun darum, dieses Empfinden der Musik als Ganzes darzustellen und zu interpretieren, und zwar im Sinne einer nonverbalen Kommunikation. Die Melodie wird in eine flächenhafte Bewegung übertragen, d. h. vom Kind motorisch-körperlich nachvollzogen. Beim Übertragen in Bewegung entstehen so verschiedene Formen, wie z. B. Linien, Wellen, Kreise, Striche usw. Als Musikstücke bieten sich hierfür an: Mozarts Flötenkonzerte, Brahms' Violinkonzerte, Klassische Gitarre, Panflöte, Orgelmusik, Operettenmusik von Mantovani, Fischerchöre, Gospelsongs, Filmmusiken, wie z. B. „Don't cry for me, Argentina".

In der Praxis des Verfassers hat sich in der Grundschularbeit folgender Ablauf für das Musikmalen bewährt:

1. Phase:
Die Kinder bereiten ihre Tische vor: Die Tapete wird befestigt und die dicken Wachsmalstifte werden bereitgelegt.

2. Phase:
Der Lehrer dunkelt den Raum ab, zündet eine Kerze an und spielt den im Kreis sitzenden Kindern das Musikstück vor.

3. Phase:
Der Lehrer bittet die Kinder beim zweiten Hören der Musik in Gedanken zu malen, mit den Händen die Musik in die Luft zu zeichnen oder sich nach der Musik frei im Klassenraum zu bewegen ohne jemand anderen anzustoßen.

4. Phase:
Die Kinder hören die Musik zum dritten Mal und beginnen nun an ihren Tischen mit dem Malen.

5. Phase:
Die Kinder beenden ihre Tätigkeit individuell zu unterschiedlichen Zeiten und setzen sich dann wieder in den Sitzkreis.

6. Phase:
Die einzelnen Bilder werden nun aufgehängt und können besprochen werden.

Materialien zum Bereich Tasten und Fühlen

- **Augenbinde:** aus schwarzem Baumwollstoff mit Klettverschluss und Aussparung für die Nase (zum Verbinden der Augen für viele Tast-, Riech-, Schmeck- und Hörübungen unentbehrlich)

- **Bastelmaterial:** verschiedene Bastelmaterialien wie Webrahmen, Federn, Papiere, Scheren, Klebstoffe (freies Gestalten, Weben mit Naturmaterial, Färben, Bauen, Erstellen von Collagen, …)

- **Blindenalphabet:** Kopie des Blindenalphabets mit gestanzten Erhebungen (Buchstaben ertasten; etwas in Blindenschrift lesen)

- **Holztastkasten:** Holzstücke in unterschiedlichem Zustand (roh, geschliffen, lackiert, …) sowie verschiedene Holzarten (befühlen; auch mit verbundenen Augen)

- **Knöpfe:** Knöpfe unterschiedlicher Farbe und Größe (befühlen, ordnen, auffädeln, aufnähen, aufkleben, …)

- **Modelliermaterial:** Ton, Knetmasse, Salzteig oder andere Modelliermasse in verschließbaren Aufbewahrungskästen (damit nichts austrocknet) und mit abwaschbarer Unterlage (freies Formen des Materials; Veränderung der Form, Geschmeidigkeit und Temperatur erfühlen; auch zum Herstellen von Tonsteinen zum freien Bauen)

- **Naturbastelmaterial:** Naturmaterialien wie Sand, Kork, Muscheln, Nussschalen, Holz, Leder, Steine, … (aus dem Material etwas gestalten, etwas herstellen, es befühlen, Dichte, Härte, Temperatur vergleichen)

- **Naturmaterial-Täfelchen:** Materialtäfelchen zu den Bereichen Stein, Metall, pflanzliche Stoffe, tierische Stoffe; je vier Täfelchen pro Bereich (Materialien erfühlen, vergleichen und ordnen)

- **Perlen und Kugeln:** Perlen und Holzkugeln, roh, lackiert, aus Holz und Plastik (auffädeln, befühlen, ordnen)

- **Qigong-Kugeln:** Kugeln aus Stein, Jade, Marmor oder Metall; die letztere als Klangkugel oder Vollkugel (kreisende Bewegungen mit beiden Kugeln in einer Hand ausführen; die Kugeln sollen umeinander bewegt werden)

- **Sandpapier:** Sandpapiere verschiedener Körnung (befühlen, vergleichen, schneiden und kleben; ein Tastmemory herstellen; auch mit verbundenen Augen experimentieren)

- **Schminke:** wasserlösliche Profischminke aus ungiftigen Rohstoffen; als Stifte, Creme oder in der Dose (zum Auftragen auf die Haut, mit Wasser abschminken)

- **Schwungtuch:** Schwungtuch aus Nylongewebe, Durchmesser 600 cm, Loch in der Mitte, Durchmesser ca. 10 cm, mit 10 Schlaufen als Handgriffe am Rand (Kinder oder große Gegenstände können unter dem Tuch verborgen und dann ertastet werden; für Bewegungsspiele in Gruppen)

- **Strumpfbälle:** mit dünnem Papier gefüllte Strumpfhosen, die abgebunden und -geschnitten werden, damit ein Ball entsteht (Inhalt der Strumpfbälle ertasten, sich die Bälle zuwerfen und fangen)

- **Tastdomino:** jeweils zwei Materialfelder auf länglichen Dominoplatten, die aus Presspappe bestehen, als Material Kork, Sandpapier, Leerfeld, Folie, Stoff, Filz, … (mit verbundenen Augen gleich beschaffene Felder aneinander legen, bis alle Dominosteine gelegt sind)

- **Tastkasten:** Pappkarton mit abnehmbarem Deckel und Öffnung auf einer Seite, die durch Stoff abgedeckt ist (in den Kasten werden Gegenstände gelegt; eine Hand oder auch beide werden in die Öffnung gestreckt und sie ertasten, was sich im Karton befindet)

- **Tastvorhang:** Strümpfe, jeweils mit verschiedenem tastbarem Material gefüllt, an einer Schnur aufgehängt (Strümpfe betasten und Inhalt erfühlen)

- **Tennisbälle:** Tennisbälle (die Tennisbälle zur Eigenmassage oder Massage des Partners verwenden; barfuß Fuß auf dem Tennisball bewegen)

- **Werkmaterial:** Biegedraht, Werkzeugkasten, Nägel, … (biegen von Draht zu Figuren u. Ä.; werken und gestalten)

Zu den Bereichen Gleichgewicht, Geschmack und Geruch

In den bisherigen Ausführungen sind die Bereiche Gleichgewicht, Geruch und Geschmack nicht dargestellt worden, weil sie bei eingeschulten Kindern als gegeben vorausgesetzt werden. Wir wissen aber, dass visuell, auditiv und taktil wahrnehmungsauffällige Kinder oft auch leichte Probleme mit diesen Wahrnehmungsbereichen haben, z. B. Gleichgewichtsprobleme: Sie können sich nicht so gut im Klassenraum, in der Turnhalle oder auf dem Schulhof orientieren und haben Schwierigkeiten dabei, ihre Geschwindigkeit beim Laufen zu erhöhen oder sich zu drehen. Informationen, die über das Gleichgewichtssystem gewonnen werden, haben natürlich große Bedeutung für die Anpassung des Kindes an seine Umwelt. Ohne diesen basalen Sinn wäre es auch nicht in der Lage, aufrecht zu gehen oder gerade auf einem Stuhl zu sitzen. Bei einem gleichgewichtsgestörten Kind kann es sogar passieren, dass es von einem schmalen Stuhl oder einer engen und kleinen Bank herunterfällt. Insbesondere AYRES hat mit ihrem Ansatz auf die Bedeutung des Gleichgewichts (Vestibulärsystem) hingewiesen und hier speziell auf die enge Verknüpfung und Verzahnung mit dem auditiven und visuellen System aufmerksam gemacht. Die Autorin betont, wie elementar notwendig das vestibuläre System für die Wachheit und Aufmerksamkeit im Unterricht ist. Daher sollte der Lehrer spätestens dann etwas mit den Kindern unternehmen, wenn sie mit den Stühlen schaukeln und unruhig darauf hin- und herrutschen.

Übungen zur Gleichgewichtsschulung können im Klassenzimmer oder auf dem Schulhof allgemein, aber auch speziell im Sportunterricht durchgeführt werden (z. B. das Balancieren auf Steinen, Stühlen, Baumstamm, Schwebebalken u. Ä.). Das Gleichgewicht wird auch gefördert durch Übungen auf Matratzen oder dem Trampolin, durch Schaukelübungen in Hängematten, auf Wippen und Schaukeln, durch Drehbewegungen auf Tonnen oder Reifen und durch Balancespiele mit verschiedenen Geräten, wie z. B. auf dem Pedalo. Weiterhin können in der Grundschule Übungen mit folgenden Materialien durchgeführt werden: höhenverstellbare Holzstelzen, große Sitzbälle zum Sitzen und für gezielte Übungen, gefüllte Stoffsäckchen, die auf dem Kopf oder auf anderen Körperteilen balanciert werden, sowie diverses Jongliermaterial (Bälle, Keulen, Ringe, Tücher).

Riechen und Schmecken zählen ähnlich wie das Gleichgewicht auch zu den Sinnen, die man bei Grundschülern einfach voraussetzt und die in der Regel auch unbewusst sicher ablaufen. Dennoch stellen wir bei wahrnehmungsauffälligen Kindern zuweilen auch Defizite im Bereich des Riechens und Schmeckens fest. Das betroffene Kind weiß zwar, dass es mit der Nase riechen und mit der Zunge schmecken kann, es ist aber oft nicht in der Lage, Unterschiede und Nuancen zwischen einzelnen Gerüchen und Düften oder Geschmacksrichtungen zu erkennen und anzugeben. Die grobe Differenzierung beim Geschmack von süß, sauer, salzig und bitter gelingt ihm noch, hingegen fehlt oft die Fähigkeit der feinen Differenzierung innerhalb dieser groben Kategorien. Auch beim Geruch gibt es grobe Unterteilungen, wie z. B. blumig, faulig, ätherisch und stechend. Aber auch hier fehlt es den Kindern oft an einer sensibleren Wahrnehmung. Geschmack und Geruch werden häufig mit gemachten Erfahrungen und Emotionen verbunden (z. B. der Schweißgeruch in einer alten Turnhalle, die schlechte Luft im Klassenraum, der Duft eines faulen Eies oder der saure Geschmack einer Zitrone). Geschmack und Geruch haben zudem auch lebenswichtige Bedeutung (Gasgeruch im Haus, das Riechen und Schmecken von Feuer und Rauch, der Auspuffgase in der Stadt oder das Schmecken fauler und nicht mehr genießbarer Lebensmittel).

Daher sollten in der Grundschule auch Übungen und Spiele angeboten werden, die das bewusste Erleben der Sinnesorgane Nase und Zunge bzw. Gaumen fördern. Es bieten sich viele Gelegenheiten und Möglichkeiten, mit dem Geruch und dem Geschmack zu experimentieren, neue Düfte und Geschmacksrichtungen kennen zu lernen und damit bisher nicht bekannte Sinneseindrücke aufzunehmen: Die Kinder können beispielsweise erleben, wie intensiv Kräuter und Tees schmecken und wie bestimmte Gerüche von Pflanzen, Tieren und Menschen je nach Entfernung und Intensität auf sie wirken. Diese Geschmacks- und Geruchserlebnisse unterstreichen auch den ganzheitlichen Ansatz einer Wahrnehmungsförderung und tragen durchaus dazu bei, dass die sprachlichen und kreativen Fähigkeiten der Kinder gefördert werden. Mit folgenden Materialien lässt sich gut experimentieren: Zum Riechen, Schmecken, Vergleichen und Genießen eignen sich z. B. Säfte (Mineralwasser zum Verdünnen), Tees (selbst aufgebrüht), rohe Gemüsesorten, frische und getrocknete Kräuter (auch auf Butterbroten), Obst (evtl. mehrere Geschmacksrichtungen einer Sorte) und Nüsse.

Dufterlebnisse lassen sich vermitteln durch Topfblumen, Blumensträuße, einen Kräutergarten, Duftlampen, -kugeln (Holz) und -säckchen u. Ä.

Viele dieser Vorschläge kann man integrieren in gemeinsames Kochen und Essen oder auch in ein gemeinsames (gesundes!) Frühstück. Rezeptbücher mit einfach zuzubereitenden Gerichten sind hierfür sehr hilfreich.

Eine weitere Möglichkeit sind Riech-und-Schmeck-Memorys, bei denen immer zwei Gefäße mit der gleichen Substanz gefüllt sind und einander zugeordnet werden müssen.

Eine sinnanregende Lernumgebung

Eine ganzheitlich ausgerichtete Förderung wahrnehmungsauffälliger Kinder in der Grundschule benötigt bestimmte Rahmenbedingungen. Die Forderung nach der Öffnung der Grundschule und nach dem Einbringen offener Unterrichtsformen muss praktisch umgesetzt werden und meint auch eine Umstellung beim Lehrer: „Ist er nicht zu pädagogischen Umorientierungen bereit, definiert er seine Identität als Lehrer eng, dann helfen weder Medien noch eine Leseecke noch eine anregungsreiche Lernumgebung, dann sieht Schule dennoch immer wie Schule aus – und ist es auch" (MAIER 1979, S. 176). Ein Konsens im Kollegium ist natürlich sehr förderlich, wenn die Schule zu einer sinnanregenden Lernumwelt werden soll. Anderenfalls haben einzelne Lehrer lediglich die Möglichkeit, in ihrem Klassenraum mit einer Sinnesförderung zu beginnen und ihre Gestaltungsideen allmählich auszuweiten. Grundsätzlich brauchen alle Konzepte der Wahrnehmungsförderung eine entsprechende Gestaltung der Lernumgebung. Wie diese aussehen kann, wird im Folgenden durch zahlreiche Beispiele für Klassenzimmer, Schulgebäude und Schulumgebung deutlich.

Innerhalb des Klassenraumes sollten vielfältige Materialien offen und leicht zugänglich zur Verfügung stehen; dies ist eine grundlegende Bedingung, die zu erfüllen ist!

Die Anordnung und Aufbewahrung dieser Materialien ist in zahlreichen Varianten möglich. Hier werden Lehrer und Kinder die für die jeweilige Klasse geeignete Form wählen und sie nach ihren Wünschen und Vorstellungen und den individuellen Raumverhältnissen entsprechend umsetzen.

Sinnvoll und praktikabel sind folgende Maßnahmen:

- Es bietet sich an, Dinge, die zum Bereich Sehen gehören, in der Nähe des Fensters oder auf der Fensterbank aufzubewahren um beispielsweise beim Kaleidoskop oder dem Oben-Unten-Mikroskop günstige Lichtverhältnisse zu haben.
- Für Materialien zum Balancieren wird meist eine größere Fläche benötigt, wenn sie überhaupt im Klassenraum einsetzbar sind. Sie in der Nähe der Freifläche (beispielsweise für den Sitzkreis oder die Bauecke) aufzubewahren, erweist sich als sinnvoll. Dinge hierfür, die in der Klasse aufbewahrt, aber mit nach draußen in die Pause oder auf den Schulhof genommen werden können, finden am besten auf einem Regal oder Schränkchen in der Nähe der Tür ihren Platz.
- Tastmaterial kann überall im Klassenraum in Regalen aufbewahrt oder auf und in niedrigen Schränken aufgebaut werden. Da einige dieser Materialien zur kreativen Gestaltung auffordern (etwas legen, modellieren, ausbreiten, auffädeln, ...) oder rieselfähige Bestandteile besitzen, ist zusätzlich ein Tisch mit abwaschbarer Unterlage angebracht. Weil manche Materialien für mehrere Kinder gedacht sind oder Partnerarbeit herausfordern, sollte der Tisch frei in den Raum ragen, um ein Gegenübersitzen zu gewährleisten, und möglichst vielen Kindern Sitzplätze bieten.
- Material, das zum Hören anregt, befindet sich am günstigsten in einer Nische des Raumes um ein weitgehend störungsfreies Erfahren zu ermöglichen. Hier kann es jedoch auch sinnvoll sein, die Dinge in einen separaten Raum mitzunehmen.
- Die Materialien zum Schmecken und Riechen können günstig in einem gemeinsamen Bereich ausgebreitet werden, da es hierbei viele Überschneidungen gibt. Sie sollten in der Nähe des Waschbeckens und einer Steckdose zu finden sein um Tee- und Frühstückszubereitungen zu erleichtern. Gut wäre ein hübscher Tisch mit einem Regal darüber, in dem sich Tassen, Besteck, Kochbuch, Teebüchsen, Wasserbereiter und anderes Zubehör befinden.

Zusätzlich können einige Materialien in die Gesamtgestaltung des Raumes einbezogen werden:

- Beispielsweise können Mobiles an mehreren Stellen an die Decke gehängt werden. So können sie die Kinder von überall beobachten.
- Blumen müssen sich nicht auf die Riechecke beschränken, sondern können den ganzen Raum schmücken.
- Sitzbälle ersetzen bereits in einigen wenigen Klassen die Bestuhlung.

- Der Fußboden kann, falls er nicht aus Teppichbelag besteht, zumindest in einigen Bereichen des Klassenraumes mit unterschiedlichem Material ausgelegt werden um Fußtasterfahrungen zu ermöglichen; diese Bereiche werden dann evtl. nur barfuß betreten.

Im Schulgebäude sollten sich die Dinge befinden, die von mehreren oder allen Klassen benutzt werden, weil sie größer, teurer oder aufwendiger sind:
Schon beim Eintritt in das Schulhaus kann die Atmosphäre einer sinnanregenden Lernumgebung für die Besucher spürbar und erfahrbar werden.

- Dazu gehört auch, dass der Bohnerwachsgeruch, der uns wohl fast allen als Erinnerung an die Schulzeit noch in der Nase steckt, durch andere Düfte (z. B. von aufgehängten mit Nelken bestecken Orangen, Duftsäckchen oder anderem) ersetzt werden kann.
- Unterschiedlicher Bodenbelag kann auch hier zum Tasten oder – bei gröberem Material wie Waschbetonplatten – zum Balancieren auffordern.
- Eine Klangwand, an den Wänden der Flure befestigt, mit hell klingenden Röhren, Glocken oder anderem Material lädt zum Probieren ein.
- Auch die Wandflächen können mit strukturiertem Material, wie z. B. Steinmosaiken, Filzteppichfliesen, Stoff- und Lederstücke, verschiedene Holzplatten und vieles mehr, zum Berühren verlocken.
- Eine größere Tastgalerie mit Tonkrügen oder ein Tastvorhang können sich ebenfalls hier befinden.
- Blumenschmuck oder Wasser, das über einen Stein fließt, ist für den Eingangsbereich geeignet.
- Optische Täuschungen können die Wände schmücken.
- Größere Mobiles laden zum Schauen ein.
- Eine vergrößerte, drehbare Version des Sandrieselspiels kann, ähnlich einer Eieruhr, an der Wand befestigt sein.
- Riesenpendel aus Billardkugeln können ebenso aufgebaut werden.
- Schließlich kann gerade auch die Gestaltung und das Angebot des Schulkiosks Ausdruck dafür sein, welche Schwerpunkte hier bei der Ernährung gesetzt werden.

Zum Schulgebäude gehören auch Mehrzweck- oder Fachräume, die ganz besonders der Förderung der Sinne dienen können:

- Der Musiksaal kann selbstverständlich leicht zu einem Höratelier werden.
- Im Werkraum können Tasterfahrungen gemacht und Sinnesmaterialien selbst hergestellt werden. Hier können nach ZITZLSPERGER (1991) „Kleistererfahrungen" das Hautempfinden sehr reizen und positiv beeinflussen.
- Eine Schul- oder Teeküche bietet eine hervorragende Gelegenheit für die Zubereitung eines Schulfrühstücks, auch für mehrere Klassen in wechselnder Verantwortung.

- In der Schulturn- oder Gymnastikhalle können Gleichgewichtserfahrungen gemacht werden; warum sollten Turngeräte nicht einmal schwerpunktmäßig unter diesem Aspekt gesehen werden?
- Der Mehrzweck- oder Versammlungsraum der Schule oder die Aula könnten ähnlich wie die Schulflure oder das Schulhaus ausgestattet sein.
- Nach HOFELE (1992) könnte ein Dunkelraum im Schulhaus als „Abenteuerspielplatz der Sinne" dienen.

In der Schulumgebung können nun Materialien eingesetzt werden, die einen noch größeren Platzbedarf haben oder auch im Freien fest installiert sind:
- Hierzu gehören Spielgeräte für den Schulhof, die sich zum Balancieren eignen.
- Auch Material, das der Naturerkundung dient (z. B. Lupen) oder transportable Geräte für die Pausengestaltung werden je nach Bedarf mit ins Freie genommen.
- Ein Schulgarten mit blühenden Pflanzen, Kräutern oder einer Streuobstwiese trägt sehr zur Anregung der Sinne bei. Er kann bewusst als Duftgarten angelegt werden.
- Wasser, beispielsweise in Form von Brunnen, findet sich häufig in der Außenanlage einer Schule.
- Auch Sandkästen können im Pausenhof zu finden sein.
- Sehr große Steine, locker aufgereiht, eignen sich zum Balancieren.

Schließlich können Anregungen von KÜKELHAUS (1993) aus den Erfahrungsfeldern aufgegriffen werden:
- Hierzu gehört beispielsweise der Summstein, der in der Schulumgebung stehen kann.
- Auch größere Metallröhren, die angeschlagen werden, können im Freien befestigt werden.
- Riesenpendel sind im Freien ebenso wie im Schulhaus einsetzbar.
- Auch im Freien kann ein Fußtastparcours als „Schule des Gehens" aufgebaut werden.

VON HENTIG sieht als besonders ernst zu nehmenden neuen Auftrag der Schule, zu kompensieren und die Mängel unseres gesellschaftlichen Lebens auszugleichen. Er führt diesen Gedankengang auch im Hinblick auf die Schulumgebung weiter: „Das beginnt mit den natürlichen, das heißt nicht kultürlichen, nicht gesellschaftlichen Bedürfnissen des Körpers nach Bewegung, nach Ruhe, nach richtiger Ernährung. Das setzt sich fort in der Betätigung der Sinne, der Hände, der Beine eben nicht nur in den zwei oder vier Stunden für Kunst und Musik, den zwei oder drei Stunden Sport; es gäbe zum Beispiel einen Bauspielplatz und lustvolle Bewegungsgeräte auf dem Schulgelände …" (v. HENTIG 1993, S. 217).

Dieses Zitat unterstreicht abschließend noch einmal die dringliche Forderung an die Grundschule, allen Kindern sinnliche Erfahrungen und praktisches Handeln als Basis jeden Lernprozesses zu ermöglichen.

Glossar

afferent: von der Peripherie zum Zentrum hin gerichtet, d. h. die Weiterleitung von Reizen aus der Peripherie erfolgt über einen Nerv zum Gehirn. Afferente Nervenbahnen sind Nervenfasern, die Informationen zum Zentralnervensystem bzw. zu reizverarbeitenden Hirnregionen weiterleiten.

akustisch: Sinnesempfindungen der Ohren; betrifft eher das periphere Hören, d. h. die Aufnahme der Schallwellen über das Hörorgan.

Analyse: Auflösung, Zergliederung, Zerlegung sprachlicher Einheiten in die Untereinheiten und Elemente, d. h. es findet eine Ermittlung der Einzelbestandteile statt.

auditiv: Verarbeitung, Weiterleitung, Speicherung, Verknüpfung und Interpretation der akustischen Sinnesempfindungen im Gehirn (zentrales Hören).

Auge: Sehorgan, bestehend aus dem Augapfel und einer Schutz-, Halte-, Bewegungs- und Berieselungsapparatur.

Auge-Hand-Koordination: die Verknüpfung von visuellen Reizen mit der Motorik, insbesondere der Hand- und Fingermotorik.

Axon (Synonym: Neurit): bis über 1 m langer Fortsatz der Nervenzelle, der die Erregungen vom Zellkörper bis hin zur Synapse weiterleitet.

Balken: Nervenfaserstränge, die die beiden Hirnhälften miteinander verbinden.

Cerebrale Dysfunktion: Hirnfunktionsstörung

Dekodierung: Entschlüsselung von Informationen, z. B. beim Lesen eines Textes.

Dendrit: ein mehrfach verzweigter Fortsatz der Nervenzelle, der die Erregung anderer umliegender Nervenzellen aufnimmt. Ein Neuron hat meist zahlreiche Dendriten.

Dichotisches Hören: beidohriges Hören.

Dominanz: das Überwiegen einer Körperseite, die durch die funktionelle Asymmetrie der beiden Hemisphären entsteht. Die beiden Gehirnhälften übernehmen im Laufe der Entwicklung jeweils bestimmte höhere Funktionen, z. B. Sprache oder logisches Denken (bei Rechtshändern linke Hirnhälfte) und räumlich-figurale Vorstellungsfähigkeit oder Wahrnehmung von Stimmungen (bei Rechtshändern rechte Hirnhälfte).

Dysgrammatismus: Störung der Fähigkeit, grammatikalisch korrekt zu sprechen.

Dyskalkulie: Störung der Rechenfähigkeit.

efferent: vom Zentrum (Gehirn) zur Peripherie gerichtet, d. h. efferente Nervenbahnen leiten Informationen vom Zentralnervensystem zu den Organen und Muskeln.

Engramm: Spur bzw. Gedächtnisspur; Bezeichnung für die biochemischen Veränderungen als Konsequenz der Speicherung von Informationen im Gedächtnis.

Figur-Grund-Wahrnehmung: ein wichtiger Teilbereich der Wahrnehmung, wobei das menschliche Gehirn in der Lage ist, aus der Vielzahl von einströmenden Reizen eine begrenzte Anzahl bzw. nur ein Reizmuster auszuwählen. Diese ausgesuchten Reize werden dann ins Zentrum der Aufmerksamkeit gerückt, d. h. sie bilden die Figur und alle anderen Reize bilden den Hintergrund. Die Figur-Grund-Wahrnehmung gibt es in allen Wahrnehmungsbereichen und sie ist eine wichtige Voraussetzung für Aufmerksamkeit und Konzentration.

Gedächtnis: Fähigkeit des Gehirns, Signale aufzunehmen, zu speichern und zu reproduzieren und so für die tägliche Arbeit nutzbar zu machen. Es ist ein Speichersystem für die einlaufenden Signale auf den verschiedenen Sinneskanälen, wobei man das Ultrakurzzeitgedächtnis, das Kurzzeitgedächtnis und das Langzeitgedächtnis unterscheidet.

Gehirn (lat. Zerebrum): besteht aus ca. 12 bis 16 Milliarden Nervenzellen mit zahllosen fadenförmigen Ausstülpungen (Dendriten und Neuriten), die durch elektrochemische Erregung untereinander in Verbindung stehen. Man unterscheidet das verlängerte Mark, das Hinterhirn, das Mittelhirn, das Zwischenhirn und das Endhirn. Das Gehirn liegt in der Schädelhöhle und ist von einem Flüssigkeitsmantel und Häuten umgeben und dadurch geschützt.

Gehör: Fähigkeit, Schallwellen wahrzunehmen, weiterzuleiten und zu interpretieren; bildet eine Grundvoraussetzung für die Sprachentwicklung. Der wichtigste Frequenzbereich liegt zwischen 30 und 7000 Schwingungen/Sek. (Sprach-, Sing- und Schreilaute). Beim Vorgang des Hörens werden die Schallwellen durch das Ohr (Trommelfell, Gehörknöchelchen, Schnecke) über den Hörnerv zur oberen Schläfenwindung der Großhirnrinde geleitet, wobei in der Schnecke die mechanischen Schwingungen in nervöse Impulse umgewandelt werden.

Gehörknöchelchen: die miteinander verbundenen Knöchelchen Hammer, Amboss und Steigbügel zur Weiterleitung der Schallwellen vom Trommelfell zum Mittelohr.

Graphomotorik: die differenzierten Bewegungen der Finger und der Hand, die für das Schreiben, Ausschneiden, Falten, Malen u. Ä. zuständig sind.

Großhirnhemisphären: Man unterscheidet zwei Teile des Gehirns, die dominante und die nichtdominante Hemisphäre. Die beiden Hemisphären setzen die Verarbeitung von Sinneseindrücken fort und tragen somit zum Verhalten des Menschen bei, z. B. zum Sprechen.

Großhirnrinde: die äußere Schicht der Hemisphären; sie ist eine Ansammlung von Nervenzellen (graue Substanz), die für die Verarbeitung von Sinneseindrücken zuständig ist.

gustatorisch: den Geschmack betreffend.

Input: System für die Aufnahme von Informationen.

Intermodale Integration: Einordnung von Reizen, die aus verschiedenen Sinneskanälen eingehen; so erfolgt z. B. die Verknüpfung von auditiven und visuellen Reizmustern.

Kinästhetische Wahrnehmung: Bewegungsempfinden, d. h. die Wahrnehmung der eigenen Bewegungen durch Signale über die Muskeln, Sehnen und Gelenke.

Kodierung: Verschlüsseln von Informationen, z. B. beim Schreiben.

Körperschema: Darunter versteht man die Vorstellung vom eigenen Körper bzw. von einzelnen Körperteilen. So entsteht im Gehirn ein Plan über den Aufbau und die Bewegungsmöglichkeiten des Körpers als Resultat aller einlaufenden Sinnesempfindungen von Haut, Muskeln, Sehnen, Gelenken und dem Gleichgewichtssinn.

Kurzzeitgedächtnis: kurzzeitige und vorübergehende Speicherung von Informationen von ca. 20 bis 30 Minuten Speicherdauer.

Langzeitgedächtnis: langfristige Speicherung von Informationen im Langzeitspeicher.

Lateralität: Unterschiedliche Funktionen des Menschen sind auf unterschiedlichen Seiten des Gehirns lokalisiert. Die Sprache ist z. B. bei Rechtshändern weitgehend in der linken Hemisphäre angesiedelt, während die räumlich-figurale und die musikalisch-melodische Wahrnehmungsverarbeitung stärker in der rechten Hirnhälfte erfolgen.

Legasthenie: traditioneller Begriff für Leserechtschreibschwäche; meint eine Teilleistungsschwäche, bei der durchschnittlich intelligente Menschen beim Lesen und Schreiben erhebliche Probleme haben.

Leitungsbahn: Fasern, die die nervöse Erregung weiterleiten. Man unterscheidet die afferente oder sensible Leitungsbahn, die von den Sinnesrezeptoren zum Gehirn führt, von der efferenten oder motorischen Leitungsbahn, die vom Gehirn als Zentrum zum ausführenden Organ (Muskel, Drüse) führt.

Leserechtschreibschwäche: äußerst fehlerhafte und unzureichende Leistung beim Lesen und Schreiben, wobei weder organische noch intellektuelle Defizite eine Rolle spielen.

Minimale Cerebrale Dysfunktion: leichte frühkindliche Hirnfunktionsstörung mit oder ohne Intelligenzdefekt. Symptome sind in der Regel Wahrnehmungsstörungen, Entwicklungsrückstände, Lernstörungen, Verhaltensstörungen, Sprachstörungen, Konzentrationsstörungen und motorische Unzulänglichkeiten.

Motorik: Bewegungsvorgänge, die einer bewussten Steuerung unterliegen, d. h. Muskeln ziehen sich zusammen und erschlaffen. Entscheidend ist die genaue Abstimmung und Dosierung des Spannungszustandes. Man unterteilt generell in Grob- und Feinmotorik: Grobmotorik meint mehr die Gesamtkörperkoordination und großräumige Bewegungen mit den Extremitäten wie z. B. das Laufen. Feinmotorik bedeutet mehr die Bewegungskoordination einzelner Körperteile, wie die der Finger, der Hand und der Augen beim Schreiben.

Myelinisierung: Bei diesem Vorgang bilden sich Hüllen um die Nervenfasern, die die Geschwindigkeit der Weiterleitung in den Nervenfasern heraufsetzen können.

Nerven: parallel verlaufende Fasern, die isoliert sind und Erregungen vom Zentralnervensystem zur Körperperipherie leiten (efferente Nerven) oder aber auch umgekehrt (afferente Nerven).

Neurit: siehe Axon

Neuron: Grundeinheit des Nervensystems, bestehend aus dem Zellkörper, dem Axon und den Dendriten; das Neuron ist die kleinste anatomische Einheit des Nervensystems. Man unterscheidet sensible (Sinnesneurone), afferente (sensorische) und efferente (Moto-Neurone) Neurone.

Neurophysiologie: moderne Wissenschaft; umfasst die Bereiche Physiologie und Neurobiologie und beschäftigt sich vornehmlich mit der naturwissenschaftlichen Erforschung des gesamten Zentralnervensystems.

Neuropsychologie: Wissenschaft von den Zusammenhängen zwischen den Funktionen des Gehirns und den psychischen Prozessen.

Neurotransmitter: Überträgerstoffe, die von den Synapsen ausgeschüttet werden. Sie bilden die Grundlage, auf der eine Erregung von einer Nervenzelle auf eine andere Nervenzelle übertragen wird.

Ohr: Zum Ohr gehören das äußere Ohr (Ohrmuschel, Gehörgang, Trommelfell), das Mittelohr (Paukenhöhle mit den Gehörknöchelchen) und das Innenohr.

olfaktorisch: den Geruch betreffend

optisch: Wahrnehmung der Sinnesempfindungen über die Augen; betrifft eher das periphere Sehen.

Output: Ausgabe von Signalen

Perzeption: Synonymbegriff für Wahrnehmung.

Propriozeptive Wahrnehmung: auch Eigenwahrnehmung oder Tiefensensibilität; Empfindungen über die Muskeln, Sehnen und Gelenke, die dem Gehirn mitteilen, welche Muskeln sich gerade bewegen und welche Gelenke ruhen, sich beugen oder strecken.

Raumlage-Wahrnehmung: Fähigkeit, einen Gegenstand in eine räumliche Beziehung zu sich selbst zu bringen.

Rezeptoren: Reizempfänger, d. h. Aufnahmestellen der Nerven für Reizimpulse des eigenen Körpers oder der Umwelt, z. B. taktile Rezeptoren der Haut.

Rezeptoren wandeln die Sinneseindrücke in elektrische Impulse um, die dann über die sensiblen Nervenbahnen dem Gehirn zugeleitet werden.

Rechenschwäche: spezifische Rechenstörungen mit Problemen im Erfassen räumlicher Beziehungen, bei Zahlenvorstellungen und beim Zählvorgang.

Screening-Verfahren: grobe Sieb- oder Sichtungsverfahren, durch welche man recht schnell und dennoch treffsicher Auffälligkeiten in verschiedenen Entwicklungsbereichen erfassen kann, die dann von Experten (Medizinern, Psychologen, Pädagogen) weiter differentialdiagnostisch untersucht werden müssen.

Sensomotorik: sensorische und motorische Zusammenhänge des Nervensystems und des gesamten Körpers; schließt die sensorische (Sinnesreizungen) und die motorische Reaktion (Muskelreaktionen) mit ein.

Sensorik: Wahrnehmungsvorgänge durch die menschlichen Sinne.

Seriale Wahrnehmung: ein wichtiger Teilbereich der Wahrnehmung, der oft auch als Reihung oder Sequenz bezeichnet wird. Man versteht darunter das Ordnen der Signale in der richtigen Reihenfolge, z. B. dass man beim Sprechen die Laute und beim Schreiben die Buchstaben in der richtigen Reihenfolge nacheinander produziert.

Signal: Zeichenträger, Informationsträger.

Sinneszentren: Großhirnfelder, in denen die Wahrnehmungsinhalte interpretiert und gespeichert werden.

Snoezelen: Der Begriff stammt aus dem Niederländischen und setzt sich zusammen aus „snuffelen" (schnüffeln, schnuppern) und „doezelen" (dösen, schlummern). Snoezelen bedeutet ein vorsichtiges, behutsames Erforschen der Umgebung und Umwelt.

Soma: Körper

Synapse: Kontaktstelle zwischen den Fortsätzen der einzelnen Nervenzellen. Sie ist die Schaltstelle zwischen zwei Neuronen, über die die Nervenimpulse übertragen werden.

Synthese: Zusammensetzung, Zusammenfügung, d. h. die Verknüpfung einzelner Teile zu einem übergeordneten Ganzen.

taktil: betrifft den Tastsinn; man versteht darunter die Wahrnehmung über die in der Haut und in den Schleimhäuten liegenden Rezeptoren.

taktil-kinästhetisch: zusammenfassend für das Fühlen, Tasten, Spüren und den Sinn für die Bewegungsempfindung.

Transmitter: erregungsvermittelnde Stoffe.

Ultrakurzzeitgedächtnis: sehr kurzzeitige Speicherung von Informationen von nur 10 bis 20 Sekunden Dauer.

Vestibuläres System: Gleichgewichtssystem; die entsprechenden Sinnesorgane befinden sich im Innenohr. Der Vestibulärapparat dient der Raumorientierung, der Kopfhaltung, reagiert auf verlangsamte und beschleunigte Bewegungen und registriert die Empfindung von Drehbewegungen.

visuell: das Aufnehmen, die Verarbeitung, die Verknüpfung und die Interpretation der optischen Sinnesempfindungen im Gehirn (zentrales Sehen).

Wahrnehmung: äußerst komplexes und hochdifferenziertes physiologisches und psychisches Geschehen, das nicht nur ein einfaches Abbilden der Wirklichkeit meint. Zu den Empfindungen über die Sinnesrezeptoren kommen die bisher gemachten Erfahrungen, Vorstellungen, Erwartungen, Denkprozesse und Gefühle hinzu. Unter Wahrnehmung wird also die Verarbeitung und Interpretation von Sinnesreizen aus der Umwelt und dem eigenen Körper verstanden.

Wahrnehmung räumlicher Beziehungen: Fähigkeit, zwei oder mehr Gegenstände in Beziehung zueinander und zu sich selbst zu setzen; Voraussetzung hierfür ist die Wahrnehmung der Raumlage.

Wahrnehmungskonstanz: Fähigkeit, gleiche Gegenstände trotz unterschiedlicher Abbildungen und Darstellungen hinsichtlich Form, Farbe und Größe als gleich zu erkennen. Diese Fähigkeit ist eine wichtige Voraussetzung für das Lesenlernen, weil das Kind einen bestimmten Buchstaben erkennen muss, auch wenn er in einem anderen Wort an einer anderen Stelle vorkommt oder in einer anderen Schrift geschrieben ist.

Zentralnervensystem (ZNS): Einheit von Gehirn und Rückenmark als Übermittler zwischen Reizen und Reaktionen zur Regelung aller lebensnotwendigen Vorgänge. Das Gehirn liegt in der Schädelhöhle und das Rückenmark im Wirbelkanal. Durch diese knöchernen Hüllen ist das sensible und anfällige Nervengewebe vor mechanischen Einwirkungen geschützt.

Zentrale Steuerung: angeborene Nervenfunktionen, die in ihrem Funktionsablauf nicht erlernt werden müssen. Das Gehen ist ein Beispiel für eine zentralgesteuerte Handlung.

Literaturverzeichnis

Affolter, F.: Wahrnehmungsprozesse, deren Störungen und Auswirkungen auf die Schulleistungen, insbesondere das Lesen und Schreiben. In: Zeitschrift für Kinder- und Jugendpsychiatrie 3 (1975), S. 223–234

Affolter, F.: Zentrale Störungen der Sprache im Zusammenhang mit Störungen der Wahrnehmung. In: DGS-Landesgruppe Baden-Württemberg (Hrsg.): Zentralbedingte Kommunikationsstörungen. Tagesbericht der XVI. Arbeits- und Fortbildungsveranstaltung der DGS in Ravensburg 1984. Hamburg 1985, S. 41–45

Appelhans, P./Krebs, E.: Kinder und Jugendliche mit Sehschwierigkeiten in der Schule. Eine Handreichung für Lehrer, Eltern und Schüler. Heidelberg 1984

Ayres, A. J.: Bausteine der kindlichen Entwicklung. Heidelberg 1984

Ayres, A. J.: Lernstörungen. Sensorischintegrative Dysfunktionen. Rehabilitation und Prävention. Berlin 1979

Barth, K.: Vom Kindergarten zur Grundschule. In: Kindergarten heute 3 (1993) 23, S. 18–26

Bartsch, E. (Hrsg.): Spielzeugwerkstatt. Spielsachen zum Selbermachen für behinderte und nichtbehinderte Kinder. Berlin 1992

Bauer, H. H.: Die mehrdimensionale Untersuchung hör- und sprachgestörter Kinder. In: Frühförderung interdisziplinär 7 (1988) 2, S. 49–56

Beck, J./Wellershoff, H.: Sinneswandel. Frankfurt 1989

Becker, R.: Die Leserechtschreibschwäche aus logopädischer Sicht. Berlin 1977

Beckmannshagen, F.: Rudolf Steiner und die Waldorfschule. Wuppertal 1984

Blumenstock, L.: Handbuch der Leseübungen. Weinheim und Basel 1983

Brand, I./Breitenbach, E./Maisel, V.: Integrationsstörungen. Diagnose und Therapie im Erstunterricht. Würzburg 1986

Breitenbach, E.: Material zur Diagnose und Therapie auditiver Wahrnehmungsstörungen. Würzburg 1995

Breuer, H./Weuffen, M.: Gut vorbereitet auf das Lesen- und Schreibenlernen. Berlin 1986

Breuer, H./Weuffen, M.: Lernschwierigkeiten am Schulanfang. Weinheim und Basel 1993

Bronfenbrenner, U.: Die Ökologie der menschlichen Entwicklung. Stuttgart 1981

Burk, K. (Hrsg.): Fördern und Förderunterricht. Reihe: Mehr gestalten als verwalten, Teil 10. Arbeitskreis Grundschule – Der Grundschulverband. Frankfurt 1993

Bush, W. J./Giles, M. T.: Psycholinguistischer Sprachunterricht. München–Basel 1982

Bußmann, H. u. J.: Unser Kind geht auf die Waldorfschule. Erfahrungen und Ansichten. Hamburg 1990

Cárdenas, B.: Diagnostik mit Pfiffigunde. Dortmund 1992

Cramer, B.: Ein therapeutischer Ansatz bei zentraler Fehlhörigkeit. In: Bundesverband Legasthenie e.V. (Hrsg.): Legasthenie. Bericht über den Fachkongress 1995. Emden 1995

Dudel, J.: Allgemeine Sinnesphysiologie, Psychophysik. In: Schmidt, R. F. (Hrsg.): Grundriss der Sinnesphysiologie. Berlin 1985

Duderstadt, M.: Das Materialbuch. Von Steinen und Metallen, Pflanzen und Tieren und uns. Aarau 1992

Ebert, H.: Pädaudiologische Aspekte der Diagnose zentraler Störungen der auditiven Wahrnehmungen. In: Axmann, D. (Hrsg.): Erkennen Verstehen Fördern. Tagungsbericht zur Fachtagung. Würzburg 1993, S. 95–124

Eggert, D./Peter, T.: DIAS – Diagnostisches Inventar auditiver Alltagshandlungen. Dortmund 1992

Esser, G.: Auditive Wahrnehmungsstörungen und Fehlhörigkeit bei Kindern im Schulalltag. In: Sprache Stimme Gehör (1987) 11, S. 10–16

Eysel, U.: Sehen. In: Schmidt, M. (Hrsg.): Neuro- und Sinnesphysiologie. Berlin – Heidelberg 1993

Firnhaber, M.: Legasthenie und andere Wahrnehmungsstörungen. Frankfurt a. M. 1996

Fölling-Albers, M.: Schulkinder heute. Weinheim und Basel 1992

Frede, A./Kleinert, I.: Praxis des Schreibenlernens. Pelikan Zentrum Moderne Schule. Hannover 1991

Freie Pädagogische Vereinigung Bern (Hrsg.): Waldorfpädagogik in öffentlichen Schulen. Freiburg i. Br. 1976

Fried, L./Christmann, M.: Neue Übungen und Spiele zur Lautunterscheidung. Weinheim 1987

Fröhlich, W./Drever, J.: Wörterbuch zur Psychologie. München 1981

Frostig, M.: Individualprogramm zur visuellen Wahrnehmungsförderung (Bearb. u. hrsg. von A. und E. Reinartz). Dortmund 1976

Frostig, M.: Visuelle Wahrnehmungsförderung.

Übungs- und Beobachtungsfolge für den Elementar- und Primarbereich (Bearb. u. hrsg. von A. und E. Reinartz). Dortmund 1974

Frostig, M./Horne, D.: The Frostig Program for the Development of Visual Perception. Chicago 1964

Frostig, M./Lockowandt, O.: Frostigs Entwicklungstest der visuellen Wahrnehmung. FEW, deutsche Bearbeitung von O. Lockowandt. Weinheim 1974

Frostig, M./Müller, H. (Hrsg.): Teilleistungsstörungen. Ihre Erkennung und Behandlung bei Kindern. München – Wien – Baltimore 1981

Gades, W. H.: Learning Disabilities and Brain Function. New York 1980

Gerling, A.: Snoezelen als Ansatz zur Förderung Schwerstgeistigbehinderter (Unveröff. Diplomarbeit). Marburg 1989

Gibson, J. J.: Die Sinne und der Prozess der Wahrnehmung. Bern 1973

Gibson, J. J.: The Senses Considered as Perceptual Systems. Houghton Mifflin Company. Boston 1966

Gibson, J. J.: Wahrnehmung und Umwelt. Der ökologische Ansatz in der visuellen Wahrnehmung. Weinheim 1982

Gottsleben, R./Offergeld, K.: Sprachanbahnung und Sprachförderung. Weißenthurm 1973

Graichen, J.: Zentrale Bedingungen von Sprachentwicklungsstörungen. In: Die Sprachheilarbeit 31 (1986), S. 60–74

Graichen, J.: Zum Begriff der Teilleistungsstörungen. In: Lempp, R. (Hrsg.): Teilleistungsstörungen im Kindesalter. Bern 1979

Grissemann, H.: Pädagogische Psychologie des Lesens und Schreibens. Bern 1986

Grissemann, H.: Förderdiagnostik von Lernstörungen. Bern – Stuttgart – Toronto 1990

Grissemann, H./Weber, A.: Grundlagen und Praxis der Dyskalkulietherapie. Bern – Stuttgart – Toronto 1990

Grissemann, H. /Weber, A.: Spezielle Rechenstörungen. Ursache und Therapie. Bern – Stuttgart – Wien 1982

Günther, H.: Die Bedeutung der auditiven Wahrnehmung für den Anfangsunterricht der Grundschule. In: Günther, H./Hegele, I. (Hrsg.): Grundschule 2000 – Perspektiven für die Reform der Grundschule. Landau 1993, S. 64–80

Günther, H.: Sprachauffällige Kinder in der Grundschule. Leipzig – Stuttgart – Düsseldorf 1995

Günther, H.: Wer gut hört, lernt leichter lesen und schreiben. In: Sache Wort Zahl 25 (1997) 11, S. 33–42

Günther, H./Günther, W.: Auditive Wahrnehmung und Sprachentwicklung. In: Hörgeschädigtenpädagogik 42 (1989) 3, S. 123–134

Günther, H./Günther, W.: Auditive Dysfunktionen und Sprachentwicklungsstörungen. In: Sprache Stimme Gehör 15 (1991) 1, S. 12–18

Günther, H./Günther, W.: Diagnose auditiver Störungen bei Sprachauffälligkeiten und Leserechtschreibschwierigkeiten im Primarbereich. In: Die Sprachheilarbeit 37 (1992) 1, S. 5–19

Günther, H./Günther, W.: Dysfunktionen auditiver Wahrnehmung und Störungen der Sprachentwicklung. Eine empirische Untersuchung unter besonderer Berücksichtigung auditiver Funktionen sprachentwicklungsgestörter Kinder (Diss.). Frankfurt a. M. 1988

Hajos, A.: Wahrnehmungspsychologie. Stuttgart – Berlin – Köln – Mainz 1972

Hatt, H.: Geruch. In: Schmidt (Hrsg.): Neuro- und Sinnesphysiologie. Berlin – Heidelberg 1993

Hatt, H.: Geschmack. In: Schmidt (Hrsg.): Neuro- und Sinnesphysiologie. Berlin – Heidelberg 1993

Hentig von, H.: Die Schule neu denken. München – Wien 1993

Hildeschmidt, A./Sander, A.: Der ökosystemische Ansatz als Grundlage für Einzelintegration. In: Eberwein, H. (Hrsg.): Behinderte und Nichtbehinderte lernen gemeinsam. Weinheim und Basel 1990

Hofele, U.: Der Dunkelraum als Abenteuerspielplatz der Sinne. Dortmund 1992

Holzkamp, K.: Sinnliche Erkenntnis. Braunschweig 1986

Hopf, A.: Grundschularbeit heute. Didaktische Antworten auf neue Lebensverhältnisse. München 1993

Hulsegge, J./Verheul, A.: Snoezelen – eine andere Welt. Ein Buch für die Praxis. Marburg/Lahn 1989

Internationale Vereinigung der Waldorf-Kindergärten 1990

Johnson, D. J./Myklebust, H. R.: Lernschwächen. Ihre Formen und ihre Behandlung. Stuttgart 1980

Keller, H./Meyer, H.-J.: Psychologie der frühesten Kindheit. Stuttgart – Berlin – Köln – Mainz 1982

Kiphard, E. J.: Mototherapie. Dortmund 1983

Klinke, W.: Spiel- und Arbeitsmittel im Vor- und Grundschulalter. München 1976

Kobi, E.: Heilpädagogik im Abriss. Schweizerischer Verein für Handarbeits- und Schulreform 1982

Kollmuss, S./Stotz, S.: Rückenschule für Kinder. München 1995

Kreb, M./Peschek, C./Weischenberg, K.: Zur Häufigkeit von Wahrnehmungsauffälligkeiten in der Grundschule und deren Verhältnis zu Laut- und Schriftsprache (Unveröff. Arbeit). Landau 1997

Krech, D./Cruchfield, R. S. (Hrsg.): Grundlagen der Psychologie. Bd. 2: Wahrnehmungspsychologie. Weinheim 1985

Kossow, H.-J.: Zur Therapie der Leserechtschreibschwäche. Berlin 1972

Kükelhaus, H.: Fassen Fühlen Bilden. Köln 1991

Kükelhaus, H.: Mit den Sinnen leben. Oldenburg 1993

Kükelhaus, H./Zur Lippe, R.: Entfaltung der Sinne. Ein Erfahrungsfeld zur Bewegung und Besinnung. Frankfurt a. M. 1984

Kucirek, X.: Die Bildungsphilosophie Rudolf Steiners und ihre Realisierung in den Waldorfschulen. Frankfurt a. M. 1994

Kultusministerium Rheinland-Pfalz (Hrsg.): Leitlinien für die Arbeit in der Grundschule. Grünstadt 1984

Leber, S.: Die Pädagogik der Waldorfschule und ihre Grundlagen. Darmstadt 1983

Lewkowicz, N. K.: Phonemic awareness training: What to teach and how to teach it. Journal of Educational Psychology 72 (1980), S. 686–700

Leyendecker, C.: Wahrnehmungsstörungen. In: Deutsches Institut für Fernstudien an der Universität Tübingen (Hrsg.): Behinderung und Schule. Studienbrief 3. Tübingen 1988

Lichtenstein-Rother, I.: Grundlegung der Bildung als Orientierungsrahmen für die Realisierung des pädagogischen Auftrages der Grundschule. In: Deutsches Institut für Fernstudien an der Universität Tübingen (Hrsg.): Schulpädagogik von der Unterstufe zur Grundschule: Unterrichtsgestaltung in der Grundschule. Tübingen 1992, S. 88–95

Lindenberg, Ch.: Waldorfschulen – Angstfrei lernen, selbstbewusst handeln. Hamburg 1975

Lobeck, A.: Rechenschwäche. Geschichtlicher Rückblick, Theorie und Therapie. Luzern 1992

Lockowandt, O. (Hrsg.): Frostig Integrative Therapie. Lesen und Lesestörung. Dortmund 1994

Lokowandt, O.: Frostigs Entwicklungstest der visuellen Wahrnehmung (FEW). Weinheim 1979

Löscher, W.: Riech- und Schmeckspiele. München 1989

Löscher, W.: Hör-Spiele. München 1992

Löscher, W. (Hrsg.): Vom Sinn der Sinne. Spielerische Wahrnehmungsförderung der Kinder. München 1994

Loose, A. u.a.: Graphomotorisches Arbeitsbuch für Eltern, Erzieherinnen, Therapeutinnen und Pädagoginnen. München 1997

Lorenz, J. H.: Anschauung und Veranschaulichungsmittel im Mathematikunterricht im arithmetischen Anfangsunterricht. Göttingen 1991

Luria, A. R.: Die höheren kortikalen Funktionen des Menschen und ihre Störungen bei örtlichen Hirnschädigungen. Berlin 1970

Maelicke, A. (Hrsg.): Vom Reiz der Sinne. Weinheim 1990

Maier, I.: Muss Schule wie Schule sein? In: Kasper, H. (Hrsg.): Vom Klassenzimmer zur Lernumgebung. Ulm 1979.

Meixner, F.: Komplexität der Störungen im Laut- und Schriftspracherwerb. In: Frühwirth, I./Meixner, F. (Hrsg.): Sprache und Lernen – Lernen und Sprache. Wien 1990, S. 52–67

Mersi, F.: Die Erziehung Sehbehinderter. In: Hudelmayer, D./Mersi, F./Solarova, S.: Sonderpädagogik 5: Blinde, Sehbehinderte, Mehrfachbehinderte. Bd. 52 der Gutachten und Studien der Bildungskommission des Deutschen Bildungsrates. Stuttgart 1975

Milz, I.: Sprechen, Lesen, Schreiben. Heidelberg 1988

Milz, I.: Rechenschwächen erkennen und behandeln. Teilleistungsstörungen im mathematischen Denken. Dortmund 1993.

Ministerium für Kultus, Jugend und Sport Baden-Württemberg (Hrsg.): Lese- und Rechtschreibprobleme in der Grundschule. Prävention, Diagnose, Förderung, Leistungsmessung. Stuttgart 1997

Montagu, A.: Körper-Kontakt. Die Bedeutung der Haut für die Entwicklung des Menschen. Stuttgart 1971

Montagu, A.: Die Haut. In: Kamper, D./Wulf, C.: Das Schwinden der Sinne. Frankfurt a. M. 1984

Montessori, M.: Die Entdeckung des Kindes. Freiburg 1991

Montessori, M.: Grundlagen meiner Pädagogik. Heidelberg 1968

Montessori, M.: Kinder sind anders. Freiburg 1994

Neuhäuser, G.: Neuropädiatrische Aspekte der begleitenden Beratung in der Frühförderung. In: Frühförderung interdisziplinär 15 (1996) 4, S. 165–171

Nickel, H.: Entwicklungspsychologie des Kindes- und Jugendalters. Bd. 1 und 2. Bern – Stuttgart – Wien 1976

Oerter, R.: Moderne Entwicklungspsychologie. Donauwörth 1984

Olbrich, I.: Auditive Wahrnehmung und Sprache. Dortmund 1988

Peter, T./Eggert, D.: DIAS. Ein diagnostisches Inventar auditiver Alltagssituationen. Hannover 1989

Petermann, G.: Vorschulkinder lernen Sprachlaute differenzieren. Berlin 1986

Petermann, G./Theiner, C.: Zu Fragen der Hörerziehung bei Stammlern. In: Die Sonderschule 15 (1970), S. 180–184

Pfeffer, W.: Förderung schwer geistig Behinderter. Eine Grundlegung. Würzburg 1988

Pfluger-Jakob, M.: Auditive Wahrnehmung und Sprache, ihre Entwicklung und mögliche Störungen. In: Kindergarten heute 24 (1994) 9, S. 17–24 und Fortsetzung 24 (1994) 10, S. 25–27

Piaget, J.: Das Erwachen der Intelligenz beim Kinde. Stuttgart 1969

Piaget, J.: Theorien und Methoden der modernen Erziehung. Frankfurt 1978

Piaget, J.: Sprechen und Denken des Kindes. Düsseldorf 1972

Pöppel, E.: Die Grenzen des Bewusstseins. Stuttgart 1985

Pöppel, E.: Gehirn und Bewusstsein. Weinheim 1989

Pöppel, E./Edingshaus, A.-L.: Geheimnisvoller Kosmos Gehirn. München 1994

Radatz, H.: Fehleranalysen im Mathematikunterricht. Braunschweig 1980

Radatz, H./Schipper, W.: Handbuch für den Mathematikunterricht an Grundschulen. Hannover 1993

Radigk, W.: Kognitive Entwicklung und zerebrale Dysfunktion. Dortmund 1990

Reinartz, A.: Förderung der Wahrnehmungsfähigkeiten als Grundlage pädagogischer Maßnahmen. In: Reinartz, A./Reinartz, E./Reiser, H.: Wahrnehmungsförderung behinderter und schulschwacher Kinder. Berlin 1979

Reinartz, A. u. E. (Hrsg.): Wahrnehmungstraining. Anweisungsheft. Dortmund 1974

Reinartz, A. u. a. (Hrsg.): Wahrnehmungsförderung behinderter und schulschwacher Kinder. Berlin 1990

Rexrodt, F. W.: Gehirn und Sprache. Stuttgart 1981

Rohde-Köttelwesch, E. (Hrsg.): Sehen-Spüren-Hören. Dortmund 1996

Ruch, F. L./Zimbardo, P. G.: Lehrbuch der Psychologie. Berlin – Heidelberg 1974

Scheerer-Neumann, G.: Hörst du das r in Koffer? In: Zeitschrift Grundschulunterricht 43 (1996) 5, S. 2–5

Schenk-Danzinger, L.: Legasthenie. München 1984

Schmidt, R. F.: Grundriss der Sinnesphysiologie. Berlin 1985

Schmidt, R. F. (Hrsg.): Neuro- und Sinnesphysiologie. Berlin – Heidelberg 1993

Schmidt, M. H./Schneider, P.: Behinderungen: Neuropsychologische und kinderpsychiatrische Grundlagen. In: Deutsches Institut für Fernstudien an der Universität Tübingen (Hrsg.): Behinderung und Schule. Studienbrief 2. Tübingen 1988

Seitz, R. (Hrsg.): Spiele mit Licht und Schatten. München 1984

Seitz, R.: Tast-Spiele. München 1991

Seitz, R.: Seh-Spiele. München 1992

Semel, E.: Diagnose und Behandlung des gestörten Sprachverständnisses und der Sprechfähigkeit. In: Frostig, M./Müller, H. (Hrsg.): Teilleistungsstörungen. München 1981, S. 127–161

Shaywitz, S. F.: Legasthenie – gestörte Lautverarbeitung. In: Spektrum der Wissenschaft (1997) 1, S. 68–76

Steiner, R.: Theosophie. Stuttgart 1962

Steiner, R.: Zur Sinneslehre. Stuttgart 1981

Steiner, F. u. R.: Die Sinne. Spielen – Gestalten – Freude entfalten. Förderung der Wahrnehmungsfähigkeit bei Kindern. Linz 1993

Strauss, E.: Vom Sinn der Sinne. Ein Beitrag zur Grundlegung der Psychologie. Heidelberg – Berlin 1956

Strauss, E.: Vom Sinn der Sinne. Berlin – Heidelberg – New York 1978

Thewalt, B.: Zur Prävention von Lese-Rechtschreib-Schwäche. In: Ministerium für Kultus, Jugend und Sport Baden-Württemberg (Hrsg.): Lese- und Rechtschreibprobleme in der Grundschule. Prävention – Diagnose – Förderung – Leistungsmessung. Stuttgart 1997.

Thiesen, P.: Mit allen Sinnen spielen. Weinheim und Basel 1996

Troßbach-Neuner, E.: Die Förderung der auditiven Wahrnehmung. In: Die Sprachheilarbeit 1 (1991) 36, S. 17–23

Wagenschein, M.: Die pädagogische Dimension in der Physik. Braunschweig 1962

Wurts, F.: Auditive Perzeptionsstörungen. In: Die Sprachheilarbeit 31 (1986), S. 74–82

Zenner, H.-P.: Gleichgewicht. In: Schmidt, R. F. (Hrsg.): Neuro- und Sinnesphysiologie. Berlin – Heidelberg 1993

Zenner, H.-P.: Hören. In: Schmidt, R. F. (Hrsg.): Neuro- und Sinnesphysiologie. Berlin – Heidelberg 1993

Zimbardo, P. G.: Psychologie. Berlin 1983

Zimmer, R.: Ich sehe was, was du nicht siehst. In: Kindergarten heute 22 (1992) 2, S. 21–25

Zimmer, R.: Handbuch der Sinneswahrnehmungen. Freiburg i. Br. 1995

Zitzlsperger, H.: Ganzheitliches Lernen. Welterschließung über alle Sinne mit Beispielen aus dem Elementarbereich. Weinheim und Basel 1991

Die Deutsche Bibliothek – CIP-Einheitsaufnahme

Günther, Herbert:
Wahrnehmungsauffällige Kinder in der Grundschule:
praktische Hinweise für Lehrer zur Diagnose und Förderung /
von Herbert Günther. Unter Mitarb. von Annette Ernst. – 1. Aufl., 1. Dr. –
Leipzig; Stuttgart; Düsseldorf:
Klett-Grundschulverl., 1998
(Forum Grundschule)
ISBN 3-12-196206-X

Gedruckt auf Recyclingpapier,
hergestellt aus 100 % Altpapier.

1. Auflage   1   5   4   3   2   1 | 2002   01   00   99   98

Die letzte Zahl bezeichnet das Jahr dieses Druckes.
© Ernst Klett Grundschulverlag GmbH, Leipzig 1998

Redaktion: Christine Thirase-Nitzschke, Herrenberg

Satz: Steffen Hahn GmbH, Kornwestheim
Druck: Druckhaus Götz GmbH, Ludwigsburg
ISBN 3-12-196206-X